Gerhart Bruckmann

Österreicher Wer bist du?

Versuch einer Orientierung

Ueberreuter

CIP-Titelaufnahme der Deutschen Bibliothek

Bruckmann, Gerhart:
Österreicher – Wer bist du? Versuch einer Orientierung /
Gerhart Bruckmann. – Wien: Ueberreuter, 1989
ISBN 3-8000-3319-4

AU 134/1

Umschlag von Brigitte Schwaiger

Gesamtherstellung: Carl Ueberreuter Druckerei Ges. m. b. H.,
Korneuburg
Printed in Austria

Inhalt

Österreicher – wer bist du?

Unter den Briefen, die ich nach Erscheinen meines Buches »Megatrends für Österreich« im Vorjahr erhielt, war einer, der mich betroffen machte. Ein mir unbekannter, offenbar älterer Herr schrieb mir:
»Es erschiene mir nützlich und verdienstvoll, wenn gerade Sie auch auf alltägliche, viele Menschen bedrückende, schwierige Lebensnöte und -fragen, denen auch brave Leute hilflos bis verzagt und schier ausweglos gegenüberstehen, eingehen wollten. Praktikabler, sinnvoller Rat zur Aktion bzw. Reaktion, Aufhellung des Verstandes, Zurückdrängen lähmender Gefühle, Stärkung der Willenskraft könnten Auswege und Mut zur Selbsthilfe geben. Ich merke es ja, Sie haben profunde Kenntnisse in Philosophie, Psychologie, Soziologie und anderem, dazu eigenes Wissen und Verständnis, um ein Werk zu diesen Themen herauszubringen, und ich spüre es, Sie könnten das.«
Zunächst legte ich seinen Brief lächelnd beiseite. Der Markt ist ja überschwemmt mit »Leitfäden zum Glücklichsein«, mit Anleitungen zur Daseinserfüllung, wobei das Spektrum von religiös bis atheistisch reicht.
Dann aber wurde ich nachdenklich. Vielleicht vermag ich doch manchen Menschen etwas zu sagen – als überzeugter Österreicher, der in seiner Kindheit die Schrecken des Krieges noch bewußt erlebt hat, der in verschiedenen Berufen öffentlich tätig war und der auch heute noch in das Geschehen in unserem Lande eingebunden ist.
So entstand dieses Buch.
Es wendet sich nicht an jene, die mit sich und der Welt vollkommen im Reinen sind, von Anhängern einer strengen Sekte bis zu überzeugten Marxisten, die gar keine Fragen stellen, weil sie alle Antworten ohnehin bereits wissen.
Es wendet sich aber auch nicht an jene, die einem schweren persönlichen Schicksal ausgeliefert sind.

Dieses Buch ist vielmehr für alle jene unter uns geschrieben, die der großen Zwischengruppe angehören; die – nach vielversprechenden Anfängen – inzwischen an Grenzen gestoßen sind; die sich in einer Bahn finden, von der sie nicht so ganz sicher sind, ob es die richtige ist, die aber bereit sind, mit offenen Augen durch die Welt zu gehen und etwas Neues aufzunehmen; die aber auch Fragen haben, vielleicht offene Wunden, die zwar nicht lebensbedrohend sind, aber doch immer wieder einmal aufbrechen, gerade wenn man sie für vernarbt angesehen hatte.
Diesem Buch liegt aber noch ein zweites Anliegen zugrunde. Das Gedenk- und Bedenkjahr 1988 einerseits, die Diskussion um die Wahl Dr. Kurt Waldheims zum österreichischen Bundespräsidenten andererseits haben erkennen lassen, daß wir in den letzten Jahrzehnten mit unserem Selbstverständnis vielleicht zu sorglos umgegangen waren, daß sich mit einem Male wieder Gräben aufgetan haben, die wir für zugeschüttet gehalten hatten. Auch diese Fragen seien in aller Offenheit diskutiert.
Dieses Buch will keine allgemeingültigen Wahrheiten verkünden. Es will nur Orientierungshilfe sein, will zum Nachdenken anregen, vielleicht zum Widerspruch, aber vielleicht auch zu einer klareren Erkenntnis. Und wenn der eine oder andere Leser daraus für sein Leben Nutzen ziehen konnte, dann ist es nicht vergeblich geschrieben worden.

Gerhart Bruckmann

1 Kooperation – Konfrontation

Nur wenn wir untereinander und mit der Natur kooperieren, können wir überleben. Wer Freiheiten in Anspruch nehmen will, muß auch selbst zur Unfreiheit der eigenen Pflichterfüllung bereit sein.

». . . daß man wahrscheinlich doch auf die sogenannten Werte rekurrieren muß. Dort, glaube ich, liegt auch die Zukunft einer möglichen anderen und neuen Politik, daß das Dinge sind, auf die eine Kommunität, eine Sozietät, nicht verzichten darf . . . Ich glaube, daß dort die Hoffnung liegt, wenn es eine gibt, und daß sich dort vielleicht die neuen Strukturen bilden, deren wir so dringend bedürfen.«

(Jörg Mauthe in seinem letzten Fernsehinterview)

»Ich helfe niemandem; mir hilft ja auch keiner.«
Wie oft hört man doch diesen Satz!
Beruht unser zwischenmenschliches Zusammenleben wirklich auf einer Aufsummierung von Egoismen?
In der Tat: Auf den ersten Blick scheint es so, als ob unser gesamtes Dasein von Konfrontation gekennzeichnet wäre. In einem marxistischen Lehrbuch fand ich den Satz: »Eine Untersuchung ist dann wissenschaftlich, wenn sie vom unauflösbaren Gegensatz zwischen Kapital und Arbeit ausgeht.« Arbeitnehmer gegen Arbeitgeber, Schwarz gegen Rot, Ost gegen West, Nord gegen Süd – überall Zähnefletschen, überall Fronten.
Auch Liberale gefallen sich im Bekenntnis zur »freien Marktwirtschaft«. Hat uns nicht Adam Smith gelehrt, daß die »Unsichtbare Hand« uns allen den höchsten Wohlstand beschert, wenn wir untereinander maximal konkurrieren, so daß alle weniger Tüchtigen auf der Strecke bleiben? Und hat nicht Darwin mit seiner These vom »survival of the fittest« diesem Denken die biologische Rechtfertigung gegeben?
Recht so. Wir sind nur noch nicht konsequent genug. Schaffen wir doch das Arbeitslosengeld ab, zahlen wir keine Pensionen mehr!
Neuere Erkenntnisse in den biologischen Wissenschaften haben, ohne daß uns dies noch ausreichend bewußt geworden ist, den Darwinismus korrigiert. Genauer: Sie haben aufgezeigt, daß der Darwinismus ein zwar richtiges, aber unvollständiges Bild zeichnet. Zwar hat ein besser angepaßtes Individuum, eine besser angepaßte Spezies höhere Überlebenschancen; doch kann jedes Individuum, jede Spezies nur durch ihre kooperative Ein-

bettung in ein (oftmals sehr komplexes) Biosystem überleben. Einzelne Beispiele leicht durchschaubarer Symbiosen haben wir in der Schule gelernt; daß aber auch die Spezies Homo sapiens auf die Regeneration des Luftsauerstoffes und auf Pflanzenwuchs durch Fotosynthese angewiesen ist, bedenken wir kaum. Daß der Mensch selbst es war, der durch die Störung der Symbiose zwischen sich und seiner Umwelt die Wüsten Nordafrikas, den Karst, das heutige Waldsterben erzeugte, paßt nicht in unser anthropozentrisches Weltbild, das den Menschen zum Maß aller Dinge macht.
Die Geschichte hat hinlänglich bewiesen, daß nicht jene Sozietäten überlebten, die sich gegenseitig auszurotten bestrebt waren, sondern jene, die untereinander und mit der Natur kooperierten.
Es ist lehrreich, geschlossene Gesellschaften zu studieren, die Jahrtausende überlebten, etwa die Tasmanier, die auf ihrer Insel gut 5 000 Jahre hindurch von der Umwelt abgeschnitten waren, bis der Weiße mit ihnen – um 1800 – angewandten Darwinismus spielte, das heißt, sie physisch liquidierte (ein Foto der letzten Tasmanierin, die 1876 starb, hängt in Wien – bezeichnenderweise! – im Naturhistorischen Museum friedlich neben Relikten anderer Spezies, die der Mensch ausgerottet hat). Die Tasmanier zogen, in kleinen Gruppen von 40 bis 60 Personen, von Bucht zu Bucht, sammelten gerade so viele Muscheln, wie sie zur Nahrung benötigten, und verbrachten den Rest des Tages mit Lachen, Scherz und Spiel – und dies 5 000 Jahre lang. Es gab keine Kriege, keine Stammesfehden, keine Umweltprobleme.

Gehen wir von der Ethnologie über zur Familienpsychologie. Wir alle kennen Familien, in denen jedes Familienmitglied versucht, seine eigene Großartigkeit dadurch unter Beweis zu stellen, daß es die anderen Familienmitglieder herabsetzt. »Bist teppert?« fragt die Frau den Mann, der Mann die Frau, und die Kinder übernehmen nahtlos dieses Spiel, bald auch den Eltern gegenüber, die über diese »Schlimmheit« sprachlos sind. Und so vererbt sich dieses Verhalten von Generation zu Generation. Wir kennen aber auch andere Familien, die eine Symbiose vorleben, in denen jeder bemüht ist, durch sein Verhalten auch die anderen Mitglieder der Familie zu fördern. Nicht nur bei den Mormonen, Quäkern und Bahais ist die Kooperation Teil der religiösen Überzeugung: Auch das Christentum verlangt von uns – sehr zu unserem Mißmut –, unseren Nächsten zu lieben wie uns selbst. Schon Äsop lehrte, daß ein Bündel Stäbe ungleich stärker ist als die Stäbe es einzeln sind – eine Weisheit, die heute mehr gilt denn je.

Angewandt auf Österreich: Wir werden im Österreich von morgen um so glücklicher leben können, je mehr der einzelne bereit ist, sein Scherflein zur Kooperation beizutragen.

Kooperation bedeutet die bewußte Inkaufnahme eines bestimmten Ausmaßes an Unfreiheit, um gerade dadurch auch selbst mehr Freiheit genießen zu können. Die uralte Weisheit, daß absolute Freiheit zu Chaos und damit zu absoluter Unfreiheit führen muß, daß es Freiheit nur innerhalb einer bestimmten Ordnung, also innerhalb eines Rahmens von Unfreiheiten, geben kann, hat in dieser Generation eine neue Dimension hinzugewonnen.

Am anschaulichsten ist dies im Straßenverkehr zu erkennen, wenn im Stadtzentrum das Ampelsystem einmal ausfällt, also kein Autofahrer durch hemmende Rotlichter in seiner Bewegungsfreiheit eingeschränkt ist – der Verkehr bricht zusammen. Positiv formuliert: Wenn jeder Verkehrsteilnehmer sein Ziel in bestmöglicher Freiheit erreichen will, muß er sich der Unfreiheit des Ampelsystems beugen.

Was beispielsweise Automobilclubs noch zu wenig erkannt haben: Verkehrsbeschränkungen – z. B. Kurzparkzonen – dienen ebenfalls dazu, mehr Freiheit des Verkehrs zu ermöglichen! Dies gilt auch im großen: Der Transport von Massengütern auf der Straße führt zu immer unerträglicheren ökologischen Schäden; kommt es in den nächsten Jahren nicht zu einer systematischen Verlagerung des Schwerverkehrs von der Straße auf die Schiene, wird das Transportwesen überhaupt in Frage gestellt sein. Noch mehr: Der Straßenverkehr, der Individualverkehr wird morgen nur dann noch einige Freiheit genießen können, wenn es zu einer solchen massiven Verlagerung, zumindest des Schwerverkehrs, auf die Schiene kommt.

Wenn wir die Freiheit genießen wollen, ein beliebtes Musical zu erleben, müssen wir die Unfreiheit auf uns nehmen, für eine bestimmte Vorstellung eine bestimmte Karte zu lösen.

Die Freiheit, über ausreichend Trinkwasser verfügen zu können, erfordert die Unfreiheit, den Ölwechsel des Autos nicht »kostensparend« vorzunehmen, d. h. das Altöl irgendwo im Wald versickern zu lassen, wo es das Grundwasser vergiftet.

Noch weniger wird uns bewußt, daß auch die Freiheit der Wahl der Studienrichtung Unfreiheit erzeugt – Tausende arbeitslose Junglehrer haben nicht die Freiheit, ihren erlernten Beruf auch ausüben zu können, von der Vergeudung an öffentlichen Mitteln ganz zu schweigen. Wären wir bereit, die Freiheit der Wahl der Studienrichtung einzuschränken, etwa indem sich all jene, die sich zu einem bestimmten überfüllten Beruf nicht wirklich berufen fühlen, nahelegen lassen, eher einen anderen, weniger überfüllten Beruf anzustreben so besteht nach abgeschlossenem Studium ungleich mehr Freiheit der Wahl eines geeigneten Arbeitsplatzes.

Noch grundsätzlicher: Die Freiheit, eine Zeitung zu kaufen, eine Straßenbahn zu benützen, ärztlich behandelt zu werden, kann ich nur genießen, wenn Trafikant, Wagenführer und Arzt in Unfreiheit ihre Pflicht tun. Wer diese Freiheiten in Anspruch nehmen möchte, muß daher auch zur Unfreiheit der eigenen Pflichterfüllung bereit sein.

2 Vielfalt in der Einheit

Nicht durch Gleichmacherei wird unser Leben reicher, sondern durch Differenzierung und Vielfalt. Geben wir unserem Leben mehr Struktur, so gewinnen wir allein dadurch auch mehr Halt.

Manchen Ideologen war es stets ein Ärgernis, daß Menschen verschieden sind, verschiedene Anlagen haben und sich verschieden entwickeln. Daran sei nur »die Gesellschaft« schuld; wie schön wäre es doch, wenn wir alle gleich wären, wie die Karnickel (wobei ich mir dessen gar nicht so sicher bin, ob sich die Karnickel nicht auch erheblich untereinander unterscheiden!) oder, noch besser, wie Roboter.

Schon Plato sah es als einziges Rezept zur Verwirklichung seines »idealen Staates« an, alle über Zehnjährigen umzubringen und die verbleibenden Kinder von einer Handvoll allweiser Greise zu idealen Bürgern erziehen zu lassen.

Der große Denkfehler dieser Utopie liegt nicht nur darin, daß sie mit der Natur in Widerspruch steht – wir sind eben, jeder von uns, ein eigenes, unverwechselbares Individuum –, sondern daß eine derartige Utopie in keiner Weise erstrebenswert wäre! Wie armselig wäre doch eine uniforme Welt! Aller Reichtum unseres Lebens beruht ja gerade auf seiner Vielfalt!

Mit anderen Worten: Die Tatsache, daß es unterschiedliche Begabungen gibt, sollte uns zutiefst freuen. Ich habe einmal pointiert formuliert: Aufgabe unseres Schulsystems sollte es nicht sein, Gleichheit zu fördern, sondern Ungleichheit zu fördern, dem musikalisch Begabten die Chance zu gewähren, zum guten Musiker, dem mathematisch Begabten, zum guten Mathematiker ausgebildet zu werden.

Die Bejahung der Vielfalt geht jedoch tiefer. Unser heute erreichter hoher Zivilisationsstand erfordert ein hohes Maß an Arbeitsteiligkeit, daher auch ein hohes Maß an Struktur. Ein Lieblingsbegriff der Neuen Linken war »Rotation«: Jeder Karnickel-Mensch sollte eine Aufgabe nur eine bestimmte Zeitspanne hindurch ausüben, und dann mit anderen »rotieren« – noch heute raufen sich links-grüne Gruppen mit dem Problem herum, einen klugen Kopf aus den eigenen Reihen, der endlich in eine bestimmte, verantwortliche Aufgabe eingearbeitet ist, dem Prinzip der »Rotation« zuliebe durch einen (vielleicht hiezu weit weniger befähigten) Neuling zu er-

setzen. Schon in der Steinzeit gab es keine Rotation: Die schnellsten Läufer stellten das Wild, die treffsichersten Schützen erlegten es, und es wäre wenig zielführend gewesen, Läufer und Schützen mit dem (vielleicht gehbehinderten) Maler zu rotieren, dem wir wunderbare Höhlenzeichnungen verdanken.
Ich erinnere mich, zur Blütezeit der Neuen Linken einen ihrer Hauptvertreter in einer Podiumsdiskussion sehr geärgert zu haben, indem ich ihn fragte, wie er einen Fremdsprachenkorrespondenten, einen Konzertpianisten und einen Herzchirurgen rotieren zu lassen gedenke.

Zusammenfassend: Gerade dadurch, daß unsere menschliche Gesellschaft strukturiert und differenziert ist, ist sie bunt und lebenswert. Jede Form der Nivellierung, der Gleichmacherei, bedeutet daher eine Verarmung.
Dies hat viele Aspekte:
So sollte jedes Volk glücklich sein über seine Minderheiten. Daher sollte jedes Volk seinen sprachlichen, ethnischen und religiösen Minderheiten nicht nur gleiche Rechte, sondern eine überdurchschnittliche Förderung angedeihen lassen. Förderung ist jedoch nicht zu verwechseln mit Vorrechten. Fanatische Vertreter von Minderheiten neigen dazu, für ihre Minderheit besondere Rechte zu fordern, die zu Lasten der Mehrheit gehen bzw. die Rechte der Mehrheit beschneiden; besonnene Sprecher der Minderheiten weisen, leider oft vergeblich, darauf hin, daß die Einräumung von Vorrechten unweigerlich einen Graben zwischen Mehrheit und Minderheit aufreißen muß.
Differenzierung hat jedoch auch Informationscharakter. Die Amerikaner wissen gar nicht, wieviel sie verloren haben, indem alle einander mit »you« und dem Vornamen ansprechen. Man vergleiche damit die herrliche Begrüßungsszene in Jörg Mauthes »Die große Hitze«: Höhere Beamte aus verschiedenen Ministerien kommen zu einer Sitzung zusammen, und aus der Art, wie sie einander begrüßen, geht präzise hervor, welchen Dienstgrad jeder einzelne hat, welche Wertschätzung er persönlich und welche sein Ministerium genießt, und ob der Begrüßende gerade die Absicht hat, den Begrüßten auf- oder abzuwerten.
Gewiß, gesellschaftliche Normen sind im Wandel begriffen. In Österreich wie etwa auch in Frankreich, beides Länder mit Du/Sie-System, ist das Du-Wort heute ungleich verbreiteter, als dies noch vor einer Generation

der Fall war. Aber wie schön, die Möglichkeit zu haben, als Symbol für die Vertiefung der Freundschaft vom »Sie« aufs »Du« zu wechseln!
Welche Buntheit durch die Differenzierung in der Anrede ermöglicht wird, sei noch an zwei weiteren Geschichtchen illustriert. Im deutschen Sprachraum ist es üblich, daß Universitätsprofessoren einander – unter Weglassung aller Titel – als »Herr Meier« und »Herr Müller« ansprechen. Nun gab es in Berlin einen anerkannten Praktiker, Leiter eines angesehenen Forschungsinstitutes, dem der Titel Professor verliehen worden war. Er versuchte, seine Gleichrangigkeit dadurch zu dokumentieren, daß er Universitätsprofessoren als »Herr Meier« ansprach; diese ließen ihn aber den Unterschied dadurch fühlen, daß sie ihn umgekehrt als »Herr Professor W.« titulierten.
Die zweite Geschichte: Die beiden berühmten ex-österreichischen Wissenschafter Oskar Morgenstern und Paul Lazarsfeld gründeten 1963 das Institut für Höhere Studien in Wien. Bei Kuratoriumssitzungen sprachen sie, ohne sich dessen bewußt zu sein, jeweils eine Zeitlang Deutsch, dann wieder Englisch. Sprachen sie Deutsch, verwendeten sie die Anrede »Herr Morgenstern« und »Herr Lazarsfeld« und das Sie-Wort; sprachen sie Englisch, nannten sie einander »Paul« und »Oskar«; sie paßten sich also völlig unbewußt den jeweils durch die gewählte Sprache vorgegebenen Denkweisen an.
Aber hat nicht der Karnickel-Mensch doch viel für sich, heißt es denn nicht, vor Gott, vor dem Gesetz, sind alle Menschen gleich?
Hier unterliegen wir einer grundsätzlichen Verwechslung der beiden Begriffe »Gleichberechtigung« und »Gleichartigkeit«. Gewiß, vor dem Gesetz soll der Generaldirektor genauso für Verfehlungen geradestehen müssen wie der Hilfsarbeiter – vielleicht ist vom Generaldirektor sogar aufgrund seiner erhöhten Verantwortung auch eine erhöhte Moral zu verlangen. Aber Gleichartigkeit künstlich herstellen zu wollen, wo sie nicht vorliegt, ist zutiefst un-menschlich.
In der Tat funktionieren jene Kleingrupen am besten, in welchen sich eine feste Struktur herausgebildet hat, etwa im Kleinbetrieb, wo jedem einzelnen Mitarbeiter, von der Sekretärin über den Buchhalter bis hin zum (vielleicht geistig leicht behinderten) Botengänger eine feste, unverwechselbare Aufgabe zukommt, die für das Gelingen des Ganzen essentiell ist. Umgekehrt sind die härtesten Hackordnungskämpfe, oft um minimale Statussymbolunterschiede, festzustellen, wo definitionsgemäß Gleichheit

gegeben ist – unter den Professoren einer Fakultät, unter den Sekundarärzten eines Spitals, unter den Schreibkräften in einer Schreibstube. Der Mensch ist eben kein Karnickel-Mensch; er benötigt Struktur, um sich wohl zu fühlen; er möchte sich der Unverwechselbarkeit seiner jeweiligen Funktion und Person bewußt sein.

Die Problematik geht aber noch tiefer. Die Hochzivilisation hat uns auch der Struktur des Lebens, der Struktur des Jahres, entfremdet.
Die Maien-Lieder der Renaissance können wir nicht nachempfinden, weil kaum einer von uns im Mai ein halbes Jahr eintöniger Nahrung und entsetzlichen Frierens hinter sich hat. Unsere Zimmer und Büros sind stets gleich warm, wir gehen im Sommer zum Gletscherschilauf und im Winter ins Hallenbad. Im Oktober gibt es Erdbeeren aus dem Glashaus, aus Neuseeland oder sonstwoher. Als wir Kinder waren, gab es Torte nur zum Geburtstag. Heute kann es täglich Torte geben, und uns wird gar nicht bewußt, was unsere Kinder dadurch verloren haben, daß wir reich genug geworden sind, die Ausnahme zur Regel zu machen. Die Milch kommt aus dem Päckchen, das Päckchen aus dem Supermarkt, und dort steht es, jahraus, jahrein, an derselben Stelle, im selben Regal, in beliebiger Menge. Und dann wundern wir uns, wenn die heute schon erwachsene Generation, die bereits im Wohlstand aufgewachsen ist, keine innere Beziehung zu Werden und Vergehen hat, zur Kraft (aber auch zur Verwundbarkeit) der lebendigen Natur, daß diese Generation den Fußgänger in die Unterführung verlegt und das Sterben in den Abstellraum des Spitals.
Natürlich kann die Antwort nicht in einem »Zurück-auf-die-Bäume« gesucht werden, in der Rückkehr zu einer »Fröhlichen Armut« als Lebensziel. Aber wir können doch bemüht sein, ganz bewußt ein bißchen mehr Struktur in unser Dasein zu bringen. Moses hat sich schon etwas gedacht, als er den Sabbat einführte (den das Christentum später auf den Sonntag verlegte). In unserer Familie beginnen wir den Sonntag damit, daß wir unseren Frühstückstee aus schöneren Tassen trinken als wochentags. Auch Torte gibt's nur zum Geburtstag, und jeder Geburtstag hat sein festes Ritual, das mit einem bestimmten Gratulations-Lied am frühen Morgen beginnt. Auch versuchen wir, Jahreszeiten nicht zu verschleiern, sondern bewußt zu erleben: Wir freuen uns über die ersten Primeln, verbringen den Großteil des Sommers alljährlich in der gleichen Weise, und wir würden es als widernatürlich empfinden, im Sommer Schilaufen zu gehen.

Ein führender Vertreter der Neuen Linken sagte mir einmal: »Ich lehne alle Rituale ab.« Ich antwortete ihm: »Da tun Sie mir sehr leid!« In Wirklichkeit verhält es sich anders: Er unterwarf sich, ohne sich dessen bewußt zu sein, in seiner Ablehnung »aller« Rituale anderen Ritualen, strengen Normen, die in seinen Zirkeln üblich waren, viel strengeren als in jener Gesellschaft, deren Normen und Rituale er ablehnte. Und die US-Teenager, die in Bluejeans und Tennisschuhen eine Opernaufführung besuchen, sind sich dessen gar nicht bewußt, wie viel ihnen verlorengeht, wenn sie den Opernbesuch nur als Musikkonsum ansehen und nicht zu einem umfassenden Erlebnis machen, dem man auch dadurch entspricht, daß man die alltägliche Kleidung mit einer nicht-alltäglichen vertauscht. Ein feines Essen, auf das der Koch viel Liebe verwendet hat, schmeckt noch einmal so gut, wenn der Tisch auch nett gedeckt ist.

Das alles sind keine Äußerlichkeiten. In all dem manifestiert sich vielmehr unsere Grundeinstellung zum Leben. Essen wir täglich Torte, sagen wir allen Menschen Du, besuchen wir alle dieselbe Einheitsschule, dann wird uns dieses Leben eintönig, langweilig, nicht lebenswert erscheinen, dann werden immer mehr von uns einen Psychiater benötigen oder irgendeinem Heilsguru nachlaufen. Wir sind es, die unser Leben gestalten; in unsere Hand ist es gelegt, in die Hand jedes einzelnen von uns, wie er sein Leben lebt, innerhalb der ihm zur Verfügung stehenden Mittel. Geben wir unserem Leben mehr Struktur; wir geben ihm allein dadurch schon mehr Inhalt.

3 Gesellschaftliche Normen

Normen und Regeln haben ihren tiefen Sinn. In Österreich sind sie besonders stark vom Bildungsbürgertum und vom Beamtentum geprägt. Diese Regeln dürfen jedoch nicht starr gesehen werden, sondern sind geänderten Erfordernissen anzupassen. Hiezu kann jeder in seinem Bereich einen Beitrag leisten.

Einmal – ich mag vielleicht zwanzig Jahre alt gewesen sein – tat ich irgend etwas, was meine (damals etwa achtzehnjährige) Kusine zur Bemerkung veranlaßte: »Das tut man nicht!« Ich sah sie mit gespielter Verständnislosigkeit an und sagte mit dem Hochmut, der jener Altersgruppe eigen ist: »Meine Liebe, ich befolge keine Normen – ich *setze* sie!«

Ganz so einfach ist es natürlich nicht, daß jeder von uns, von früh bis spät, gesellschaftliche Normen setzt.
Zunächst einmal ist es ein Faktum, daß jede Gesellschaft Normen, d. h. Regeln für das Zusammenleben ihrer Mitglieder, benötigt. Diese Regeln sind nicht nur aus Nützlichkeitsgründen zu bejahen, sondern ihnen kommt auch ein wichtiger Informationscharakter zu. So würde es wohl kaum verstanden werden, wenn Sie als Teilnehmer an einem Begräbnis bunte Federn in Ihr Haar steckten, wenngleich Sie damit sicherlich gegen kein geschriebenes Gesetz verstießen. In der Art, wie man sich zu einem bestimmten Anlaß kleidet, vermag man seinen Respekt für den Veranstalter bzw. Gastgeber auszudrücken.
Diese Normen waren in vergangenen Jahrhunderten genaue Vorschriften, etwa Bekleidungsvorschriften für die verschiedenen Stände und Anlässe. Erst später nahmen sie in vielen Bereichen die Form ungeschriebener Regeln an, die allerdings strikt einzuhalten waren – für uns heute oft unverständlich. So erzählte mir meine Großmutter, daß sie als Tochter eines Gymnasialprofessors in Linz gescholten wurde, wenn sie bei einem sommerlichen Sonntag-Nachmittag-Spaziergang mit der Familie ihre Handschuhe erst im Stiegenhaus und nicht bereits in der Wohnung anzog. Auch die Zwischenkriegszeit in Öserreich war noch viel förmlicher als heute; »man tut« und »man tut nicht« durchzog das ganze Leben. Auf den Porträtfotos jener Zeit versuchte man, sich eine Pose zu geben, »hintergründig« dreinzuschauen oder »durchgeistigt«.
Unsere heutige Zeit ist viel offener und lockerer geworden, hat aber dennoch ihre wohlverstandenen Normen und Regeln. Gerade bei gesell-

schaftlichen Normen kommt am allerdeutlichsten zum Ausdruck, wie sich der einzelne seiner Umwelt gegenüber sieht, ob ich-bezogen oder auf seine Mitmenschen hin orientiert. Am Höhepunkt der Linken Welle, Ende der sechziger Jahre, drückten meine Studenten ihre Ablehnung aller Normen dadurch aus, daß sie – ziemlich streng genormt! – in einer Mischung von Mao-Look und Edelstrolch zur Vorlesung kamen. Ich erinnere mich genau an deren betroffene Gesichter, als ich ihnen sagte, daß ich deshalb meine Vorlesungen weiterhin in Anzug und Krawatte hielte, weil ich durch meine korrekte Kleidung meine Wertschätzung ihnen gegenüber zum Ausdruck bringen wolle.

Praktisch alle Normen haben ihren rationalen Sinn, oder hatten ihn einmal. Nur wenige Normen sind auf Zufall zurückzuführen. Ein berühmtes Beispiel hiefür ist der offene unterste Knopf der Anzugweste. Diese Sitte soll darauf zurückgehen, daß der Prince of Wales, *arbiter elegantiarum* seiner Zeit, einmal versehentlich den untersten Westenknopf offenließ. Sofort wurde dies von seiner Umgebung kopiert, und noch heute werden Anzugwesten so hergestellt, daß für den untersten Knopf zwar ein Knopfloch vorhanden ist, man diesen aber kaum einknöpfeln kann. Gegenbeispiel: Die Trachtenweste, etwa beim Kärntner Anzug, bis zu der sich die Norm des Prince of Wales nicht herumgesprochen hat und bei der sich der unterste Knopf daher nicht nur schließen läßt, sondern »richtigerweise« auch geschlossen getragen werden soll.

Daß »man« Fisch nicht mit dem Messer teilt, stammt aus der Zeit, als die Messerklingen nicht rostfrei waren und der Fisch daher oxidierte; dies ist heute inhaltlich längst überholt. Besitzen Sie, lieber Leser, kein Fischbesteck, wollen aber Freunde zu einem Fischgericht einladen, so decken Sie den Tisch getrost mit normalem Besteck, entsinnen Sie sich der Antwort, die ich meiner Kusine gab, und wünschen Sie Ihren Gästen mit freundlicher Stimme, daß ihnen der Fisch auch ohne Fischbesteck schmecken möge.

Ich darf Ihnen bei dieser Gelegenheit das Rezept meines Lieblings-Abendtrunks verraten, das kraß gegen die Grundnorm des Mixens verstößt, nie mehr als eine bittere Ingredienz zu verwenden. Es ist dies eine von mir vorgenommene Veränderung des Negroni. Das Original besteht aus einem Teil Gin, einem Teil dunklem Wermut und einem Teil Campari, nach Belieben mit Sodawasser verlängert. Ich nehme statt des dunklen Wermuts einen Punt e Mes und statt des Sodawassers Tonic und variiere überdies, je nach Laune, das Mischungsverhältnis aller vier Bestandteile. Auch gebe ich keine Eiswürfel hinein; meiner Ansicht nach ist der menschliche Magen nämlich nicht für eisgekühlte Getränke konstruiert. Ich befolge keine Norm; ich setze sie . . .!

Doch zurück zu jenen Normen, die einmal ihren guten Sinn hatten, aber heute sinnlos, ja, sinnwidrig geworden sind. Hiezu gehört nicht nur das Fischmesser, sondern zum Beispiel auch das Verhalten am Telefon. In den Frühzeiten des Telefons wurde es nur für die allerwichtigsten, dringendsten Mitteilungen verwendet – Mitteilungen, die allen übrigen Mitteilungen gegenüber absolute Priorität genossen. Diese Rangordnung der Prioritäten übertrug sich aber, offenbar unausrottbar, auf das Instrument: Befinden wir uns gerade in einem angeregten, vielleicht sogar in einem wichtigen persönlichen Gespräch, und das Telefon läutet, so lassen wir den Gesprächspartner seelenruhig stehen und führen das – vielleicht weit weniger wichtige – Telefongespräch. Ich las einmal eine treffende Kurzgeschichte über jemanden, der in einem Amt vorsprach. Kaum hatte er den ersten Satz begonnen, läutete das Telefon des Beamten, der ein längeres Gespräch führte. Kaum eingehängt, läutete das Telefon wieder. Nachdem der Vorsprechende zum fünften Male seinen ersten Satz auszusprechen versucht hatte, schlich er sich in den Vorraum, rief von dort aus den Beamten an und konnte endlich sein Anliegen in Ruhe vorbringen.
Ich versuche, auch diesbezüglich »Normen zu setzen« (helfen Sie mir dabei!). Wenn ich in meinem Büro mit jemandem im Gespräch bin und mein Telefon läutet, so bitte ich meinen Gesprächspartner wohl zunächst um Entschuldigung und hebe den Hörer ab, um festzustellen, ob dem Telefonat höhere Priorität zukommt. Ist dies nicht der Fall, so erkläre ich dem Anrufer freundlich: »Ich bin in einer Besprechung – kann ich Sie zurückrufen?«
Das Telefon ist noch in vielerlei anderer Hinsicht Spiegelbild zwischenmenschlicher Beziehungen. Gar nicht so selten versuche ich gerade, ein komplexes Gedankengebäude zu Papier zu bringen, oder führe ein konzentriertes Gespräch; da läutet das Telefon, eine schnippische Mädchenstimme erklärt mir: »Ich verbinde Sie mit Herrn X!« Und dann geschieht minutenlang nichts, weil Herr X den Locus aufgesucht hat oder sonst irgendwo im Haus gesucht werden muß. Ist er endlich gefunden, will er ir-

gendeine lächerliche Auskunft, die er mit ein bißchen Nachdenken selbst hätte finden können. Manchmal erdreiste ich mich, der schnippischen Mädchenstimme zu erwidern: »Nein, Sie verbinden mich jetzt nicht mit Herrn X, weil ich nämlich in einer Besprechung bin!«

Die (ungeschriebene) Grundregel des Telefonierens lautet, daß sich der Rangniedrigere von der Sekretärin des Ranghöheren mit diesem verbinden läßt. Es soll einmal vorgekommen sein, daß das Telefonat zwischen zwei Sektionschefs, die miteinander sprechen wollten, deshalb nicht zustandekam, weil sich jede der beiden Sekretärinnen weigerte, zu ihrem Chef zuerst durchzustellen. Auch diese Norm durchbreche ich und ersetze sie durch eine andere: Wenn ich von jemandem etwas haben möchte, so rufe ich selbst über seine Sekretärin an, auch wenn mein Gesprächspartner um vieles jünger und »rangniedriger« (was heißt das schon!) sein sollte. Und wenn er erst gesucht werden muß, so warte ich geduldig, denn ich bin es ja, der das Gespräch führen möchte.

Viele Normen haben auch heute noch ihren Sinn. Daß man Knödel oder Faschiertes nicht schneidet, sondern (sanft reißend) teilt, liegt nicht nur darin begründet, daß man der Hausfrau damit zu erkennen gibt, wie flaumig das Gericht ist, sondern ermöglicht auch eine bessere Verbindung mit der Sauce.

Es entstehen aber auch ständig neue Normen: Eine neue (gute) Sitte ist es, am Bankschalter oder beim Bankomaten angestellt, einen Respektabstand zu jenem Mitmenschen einzuhalten, der gerade an der Reihe ist. Als es noch keinen Bankomaten gab, konnte es auch diese gesellschaftliche Norm noch nicht geben.

Oder: Heute ist es gesellschaftlich akzeptiert, wenn ein Paar in einer zwar nicht formell legalisierten, aber doch auf Dauer angelegten Gemeinschaft zusammenlebt und auch gemeinsam auftritt. Hier beginnt sich die (liebenswerte) Norm einzubürgern, daß die beiden voneinander nicht als »mein Mann« und »meine Frau« sprechen, sondern als »mein Franz« oder »meine Emma«, daß also die Funktionsbezeichnung durch den jeweiligen Vornamen ersetzt wird.

Andere Länder, andere Sitten. So ist es in den USA üblich, wenn man sich zu Tisch setzt, der benachbarten Dame den Stuhl zurechtzurücken, und in einem Personenaufzug den Hut abzunehmen, wenn sich auch Damen im Aufzug befinden. Unterläßt man dies, kommt man leicht in den Geruch, ein ungehobelter Bursche zu sein. In der Bereitschaft, derartige Normen zu befolgen, kommt nicht zum Ausdruck, daß ich ein besserer Mensch bin, sondern daß ich bereit bin, mich auf meine Mitmenschen einzustellen.

Gibt es ein spezifisch österreichisches Normensystem?
Ja, und es ist dies ein Normensystem, über welches wir zu Recht glücklich sein sollten. In den meisten Ländern wird das Normensystem vom Geldadel geprägt; je reicher, desto angesehener ist man, und jede Schicht ist daher bemüht, die von den Reichen und Superreichen gesetzten Normen bestmöglich zu kopieren. Unser Normensystem in Österreich ist jedoch ungleich stärker als in jedem anderen Land, das ich kenne, vom Bildungsbürgertum geprägt. Auch für die reichsten Österreicher gilt nicht die Yacht am Mittelmeer als Statussymbol, sondern das (in der Familie erbliche) Abonnement der Philharmonischen Konzerte und die Mitgliedschaft im Vorstand irgendeiner kulturellen oder kulturfördernden Vereinigung. Es ist durchaus zulässig, wenn ein angesehener Rechtsanwalt in Gesellschaft erklärt, von Mathematik, oder ein angesehener Arzt, von wirtschaftlichen Dingen nichts zu verstehen. Beide würden sich aber hüten, mit demselben Lächeln zu erklären, nichts von Kunstgeschichte oder Musikgeschichte zu verstehen. Es gibt in Österreich mehr Beispiele als in anderen Ländern, daß Töchter aus den reichsten Familien einen mittellosen Künstler geheiratet haben; der Künstler war in der Familie voll akzeptiert, und die Ehe wurde sehr glücklich.
Dies gilt aber nicht nur für die Oberschicht. Es gibt kaum ein Dorf, in dem es nicht eine Chorvereinigung oder Musikkapelle gäbe, wo nicht jedes Kind die Möglichkeit hätte, ein Musikinstrument zu erlernen. Und die unzähligen Ausstellungen und sonstigen kulturellen Veranstaltungen, die in Österreich in den letzten Jahren in viel größerer Zahl als anderswo durchgeführt werden, stoßen auf das dankbare Interesse immer breiterer Schichten.
Es gibt jedoch noch ein Spezifikum, nicht ganz so erfreulich, von dem unser Normensystem geprägt ist: vom Beamtentum. Nicht erst seit 1918, als die kleine Restrepublik das gesamte Beamtenheer der Monarchie übernehmen mußte, sondern schon seit Maria Theresia und insbesondere seit Franz Joseph, der den Typus des Beamten selbst in Reinkultur verkörperte, prägt die Denkweise des Beamtentums Österreich in weit stärkerem Maße als uns bewußt wird. Noch in den dreißiger Jahren unseres

Jahrhunderts sah es jedes Dienstmädchen als ihr Lebensziel an, einen Beamten zu heiraten.
Kürzlich wies ich in einem Vortrag darauf hin, daß bisher noch jede Verwaltungsreform daran gescheitert sei, daß für einen Beamten erstrebenswerter ist, mehr Beamte unter sich zu haben als weniger. Ich sagte damals: Der einzige Weg, wie wirklich in einem Amt oder einer Abteilung für drei ausscheidende Beamte vielleicht nur zwei nachbesetzt würden, bestünde darin, den verbleibenden Mitarbeitern des Amtes einen bestimmten Teil, sagen wir 10 Prozent, der eingesparten Gehaltssumme ein Jahr lang als Gehaltszuschlag auszuschütten. In diesem ersten Jahr würde die Einsparung daher nur 90 Prozent, ab dem zweiten Jahr jedoch 100 Prozent betragen. In der auf meinen Vortrag folgenden Diskussion meldete sich eine liebenswürdige ältere Dame zu Wort und sagte fassungslos: »Aber, Herr Professor, wollen Sie denn unseren Kindern nicht dieselbe Chance gewähren, Beamte werden zu dürfen, wie wir sie hatten?«
Diese Denkweise ist keine Randerscheinung. Man sagt, der eigentliche Grund, warum sich die große Masse der Bundesbahn-Bediensteten in Österreich jeder Privatisierungsüberlegung widersetzt, liegt darin, daß sie sich heute als Beamte fühlen und diesen Status nicht mit dem Status eines »gewöhnlichen« Arbeitnehmers zu tauschen bereit sind. In der Tat genießt in Österreich ein mittlerer Beamter höheres Ansehen als ein tüchtiger Prokurist einer Privatfirma, sehr zum Unterschied etwa von der Schweiz.
Diese besondere Prägung des Österreichers, vom Bildungsbürgertum einerseits, vom Beamtentum andererseits, zieht eine Unzahl weiterer Normen nach sich. Eine Grundtugend des Beamten ist Sparsamkeit; also gehört es in Österreich nicht zum guten Ton, eine überflüssige Ausgabe getätigt zu haben. Kauft sich ein wohlhabender Mitbürger ein neues Auto, so entschuldigt er sich vor seinen Freunden mit wortreichen Erklärungen, daß dieser Kauf leider aus diesen und jenen Gründen unumgänglich notwendig geworden sei.
Aus diesem Normensystem resultiert aber zum Beispiel auch eine andere Einstellung zur eigenen Wohnung als in anderen Ländern. Für viele Familien in Österreich hat die Wohnung quasi musealen Charakter: Sie hat geschmackvoll eingerichtet zu sein; von jedem Fauteuil ist wohlüberlegt, wo er steht, von jedem Bild, wo es hängt. Nun wird eine Wohnung notgedrungen aber auch bewohnt; das »Museum« ist daher fast nie in jenem

Idealzustand, daß es Gästen, die als kritisch vorausgesetzt werden, präsentiert werden könnte. Daher hält der Österreicher seine Wohnung praktisch vor der Welt verschlossen (etwa im Vergleich zum US-Bürger, dessen Haus sozusagen stets offensteht). Die Situation wird dadurch verschlimmert, daß der Hausfrau von heute noch dieselbe Rollenerwartung anhaftet wie vor zwei Generationen, als jede Mittelstandsfamilie noch über ein oder zwei Domestiken verfügte. Lädt eine österreichische Hausfrau Gäste zum Abendessen ein, so wird als selbstverständlich erwartet, daß sie ein (mindestens) dreigängiges Menü serviert, wobei jeder Gang irgendeine Besonderheit aufweisen sollte. Natürlich muß auch jeder Teppich gesaugt und jede Vase abgestaubt sein. Kein Wunder, daß die Hausfrau, ob zusätzlich noch berufstätig oder nicht, zwei Tage vor und einen Tag nach der Einladung unansprechbar ist.
Ich erkläre mir daraus auch die Entstehung unserer Kaffeehaus- und Heurigenkultur. Treffe ich mich mit Freunden beim Heurigen, so erspare ich mir die nervenzermürbende Vorbereitung eines besonderen, mehrgängigen Abendessens; treffen sich Damen im Kaffeehaus, so braucht der Teppich nicht gesaugt, die Vase nicht abgestaubt zu sein, um vor den kritischen Blicken der »Freundin« zu bestehen.
Damit erklärt sich aber auch die dem Österreicher oft nachgesagte Xenophobie. In Wien ansässige Vertreter internationaler Organisationen beklagen sich darüber, daß sie kaum in österreichische Familien eingeladen werden. Die Erklärung ist sehr einfach: Der Österreicher hat gegen »Fremde« nicht mehr und nicht weniger einzuwenden als der Angehörige jedes anderen Volkes auch; aber wenn er schon kaum andere Österreicher in seine Wohnung einlädt, um wieviel weniger einen Ausländer, dem gegenüber man sich noch viel unsicherer fühlt.

Darf ich Sie, lieber Leser, einladen, Normen zu setzen?
Was wäre, wenn Sie nächstes Mal eine Anzahl von Freunden zu folgendem Programm einladen: Zuerst treffen Sie sich an einer bestimmten Stelle am Waldrand, um gemeinsam ein Waldstück von Weggeworfenem zu säubern, oder Sie machen einen Besuch in einem Pflegeheim. Anschließend veranstalten sie einen Waldlauf (ohne Zwang; wer früher genug hat, kommt früher unter Ihre Dusche). Dann gibt es große Teller mit Brötchen, und auf einem Tisch stehen Getränke nach Wahl – Mineralwasser, Fruchtsaft, Bier, Wein; niemand wird zu bestimmten Getränken genö-

tigt, jeder nimmt sich, was ihn freut. Während des Essens und Trinkens, oder danach, wird über ein bestimmtes, vorher schon bekanntgegebenes Thema diskutiert, mit oder ohne Einleitungsreferat eines der Gäste oder eines der Gastgeber. Und dann kann auch jeder gehen, wann er will oder muß – Freunde, die besonders früh aufstehen müssen, früher, andere später.

Dieses Rezept ist nicht sklavisch zu verstehen: Setzen Sie *Ihre* Norm, durchbrechen Sie das überkommene Klischee auf Ihre Weise, und machen Sie Ihre Wohnung wieder zu einem Ort der Begegnung.

Die Bedeutung des Heimes wird überhaupt unterschätzt. In einem kalten Land wie Österreich ist die Wohnung in sozialer Sicht ungleich wichtiger als in einem südlichen Land, in welchem sich ein erheblich größerer Teil des Lebens im Freien abspielen kann.

Wie viele Ehen, wie viele Familien gehen dadurch auseinander, daß die Wohnung nicht zu einem Ort gemacht wird, zu dem sich alle Familienmitglieder hingezogen fühlen, an dem sich alle Familienmitglieder wohl fühlen. Gewiß: Jede Wohnung ist immer »gerade um ein Zimmer zu klein«. Um so mehr muß systematisch getrachtet werden, innerhalb der Wohnung sowohl jedem Familienmitglied eine nur ihm allein vorbehaltene Sphäre einzuräumen als auch eine gemeinsame »Zone der Begegnung« vorzusehen, und sei dies nur eine gemütliche Sitzecke in der Wohnküche. Nur dann kann es zu gemeinsamen Aktivitäten kommen und verliert der Fernsehapparat einen Teil seiner Macht.

Fassen wir zusammen: Es ist richtig, die Existenz von Normensystemen zu bejahen, von Systemen, die sich ständig weiterentwickeln. Wir sollen diese Normensysteme jedoch nicht als ehernes Gesetz auffassen, sondern als Satz von Spielregeln für zwischenmenschliche Beziehungen. Und wirken wir selbst mit, jeder von uns, diese Spielregeln geänderten Verhältnissen sinnvoll anzupassen – als Grundlage nicht nur für verbesserte zwischenmenschliche Beziehungen, sondern auch damit der einzelne in seinem Leben mehr Zufriedenheit findet.

4 Kinder

Erziehung bedeutet, das Kind auf ein verantwortungsbewußtes Leben, auf seine Rolle im menschlichen Miteinander vorzubereiten. Dies erfordert Liebe, Festigkeit und gegenseitiges, volles Vertrauen. Kinder müssen als Kinder gesehen werden, nicht als Mini-Erwachsene.

»Pfarrers Kind und Müllers Vieh geraten selten oder nie«, lautet ein alter Spruch. Andererseits sollen von den 3 000 berühmtesten Deutschen des 17. bis 19. Jahrhunderts 1 700, also die absolute Mehrheit, Kinder von evangelischen Pfarrern gewesen sein.

Inwieweit sind wir Produkt unserer Erbmasse, inwieweit Produkt unserer Erziehung?
Umfassende Untersuchungen zu diesem Thema – etwa die von Christopher Jencks mit den modernsten statistischen Methoden vorgenommenen Analysen von mehreren tausend unter Beachtung aller Regeln der Stichprobentechnik ausgewählten Fällen – haben ergeben, daß, wissenschaftlich ausgedrückt, rund 50 Prozent der Gesamtvarianz durch Umwelteinflüsse nicht erklärt werden können. Deutlicher gesagt: Der Mensch ist rund je zur Hälfte Produkt seiner Anlagen und Produkt seiner Erziehung, letzteres im weitesten Sinn des Wortes, vom Elternhaus über Schule, Freundeskreis und Arbeitsplatz. Wenn also von zwei Kindern ein und desselben Elternpaares das eine Kind »gerät«, das andere nicht, so ist dies nicht unbedingt den Eltern anzulasten, die offenbar die beiden Kinder verschieden behandelt haben müssen; in den meisten Fällen ist eher anzunehmen, daß bei den beiden Kindern unterschiedliche Erbanlagen durchgeschlagen haben. Oft ist sogar ziemlich klar nachzuweisen, welcher Großtante das eine Kind, welchem Onkel oder Großvater das andere Kind nachgeraten sein dürfte.
Diese Feststellung darf aber nun nicht dahingehend interpretiert werden, daß offenbar jede Erziehung müßig sei – es brechen ja doch letztlich die Erbanlagen durch. Keineswegs: Wie sich das Kind späterhin auf seinem Lebensweg bewährt, ist, wie schon weiter oben erwähnt, zu rund 50 Prozent durch seine Erziehung beeinflußbar!

Was heißt nun »Erziehung?«
Erziehung kann definiert werden als *Vorbereitung für den Lebensweg*. Ein

Polareskimo wird seine Kinder anders zu erziehen haben als ein Buschmann in der Wüste Kalahari; in Österreich hat Erziehung also die Aufgabe, für ein Leben in Österreich bzw. als Österreicher vorzubereiten.
Über Erziehung wurden unzählige Bücher geschrieben. Inhalt der folgenden Ausführungen kann und soll es daher nur sein, einige Überlegungen hinzuzufügen, die aus meinen Erfahrungen als Vater zweier Söhne einerseits und aus mehr als zwanzig Jahren Lehrtätigkeit andererseits resultieren.
Die Erziehung des Kindes beginnt mit dem Tag seiner Geburt, ja, eigentlich schon vorher; denn wenn die werdende Mutter hemmungslos raucht und Alkohol (oder gar Suchtgifte) konsumiert, tut sie dem Kind nicht nur physiologisch nichts Gutes. Wenn wir festhalten, daß Erziehung Vorbereitung für das Leben bedeutet, dann ist es zunächst erforderlich, einen Blick auf das Leben im Österreich von heute und morgen zu werfen. Wie bereits im vorangegangenen Abschnitt festgestellt, ist das Leben in Österreich, einem hochzivilisierten, stark arbeitsteilig organisierten Land, dadurch gekennzeichnet, daß sich jeder einzelne darauf verlassen können muß, daß auch der andere verantwortungsbewußt seine Pflicht erfüllt, und daß er daher auch zu verantwortungsbewußter Pflichterfüllung bereit sein muß. Jenes Kind wird es also späterhin im Leben leichter haben, das besser gelernt hat, sich in eine Ordnung einzufügen.
Bei Naturvölkern mag es richtiger sein, das Kind zu stillen, so oft es schreit; in unseren Landen ist es vorzuziehen, das Kind vom ersten Tag an daran zu gewöhnen, daß es regelmäßige Essenszeiten gibt. Nur um ein Mißverständnis zu vermeiden: Diese Feststellung ist natürlich nicht absolut zu nehmen; so wie es späterhin im Leben immer wieder Ausnahmen von der Normalordnung gibt – im Urlaub, bei Krankheit usw. –, wird selbstverständlich auch hinsichtlich der Stillzeiten bei einem schwächlichen Kind bzw. bei Erkrankung eines an sich gesunden Kindes dem spezifischen Ratschlag des Arztes zu folgen sein.
Die sogenannte anti-autoritäre Erziehung beruht daher auf einem grundsätzlichen Irrtum. Wie schon Konrad Lorenz gesagt hat, hat das gesunde Kleinkind den sehnlichen Wunsch, die Regeln der ihm unbekannten Welt, sprich: seiner Umgebung, kennenzulernen. Es vermag seine Fragen aber noch nicht zu verbalisieren; sein »Schlimmsein« ist daher ein non-verbales Fragen nach diesen Regeln beziehungsweise ein Suchen nach den Grenzen der Freiheit innerhalb des menschlichen Zusammenlebens. Das Klein-

kind hüpft beispielsweise mit den Straßenschuhen auf dem Sofa herum. Es *erwartet* eine Reaktion seitens der »Erziehungsberechtigten« (besser: Erziehungsverpflichteten). Diese Reaktion muß wieder in einer für das Kleinkind unmittelbar verständlichen Form erfolgen, also z. B. mit den Worten: »Wenn du's noch einmal tust, gibt's Patsch!« Und wenn seitens des Kindes der Wiederholungsfall ausprobiert wird, dann empfiehlt Konrad Lorenz dringend einen (leichten) Klaps auf den Po als unmißverständliche Information. Der Irrtum der anti-autoritären Erziehung besteht darin, daß das Kind schwer verunsichert wird, wenn ihm bei seinem Austesten der Regeln seiner Umwelt die Antworten vorenthalten werden, weil man vermeint, ihm Gutes zu tun, indem man es in allem gewähren läßt. Diese Verunsicherung kann sich bis zur Neurose steigern; das Kind versucht immer größere Schlimmheiten, um endlich eine Antwort zu erhalten. Ich gehe nicht so weit wie Konrad Lorenz, der in einem Vortrag empfohlen hat, ein derart verzogenes Kind in eine dunkle Seitengasse zu locken und ihm eine ordentliche Ohrfeige zu verpassen. »Das Kind wird Ihnen dankbar sein«, sagte er damals. In meinen Augen würde diese isolierte Ohrfeige wenig bewirken; viel wichtiger ist die grundlegende Erkenntnis, daß Erziehung eine Vermittlung der Regeln des menschlichen Zusammenlebens bedeutet und daß diese Vermittlung in einer der jeweiligen Altersstufe adäquaten Form erfolgen muß. Je älter das Kind ist, desto eher wird eine ruhige, sachliche Erklärung den besten Weg darstellen.

Das Kind von klein auf an Ordnung zu gewöhnen, hat nicht nur die soziale Bedeutung, es auf seine Rolle im menschlichen Miteinander vorzubereiten, im Berufsleben, in seiner eigenen Familie, sondern auch einen unmittelbaren Wert: die Vermittlung von Selbstdisziplin. Wie soll ein Mensch dazu gebracht werden, als Erwachsener etwa einen Diätplan einzuhalten, das Rauchen einzuschränken oder einzustellen, wenn er nicht schon in seiner Kindheit gelernt hat, bestimmte Regeln zu befolgen?

Genauso fragwürdig ist das andere Extrem. Eine besonders strenge Erziehung früherer Zeiten, etwa in einer harten Klosterschule, hat oft dazu geführt, daß Absolventen dieser Schule (beiderlei Geschlechts), ihre aufgestauten Aggressionen anschließend um so zügelloser ausgelebt haben.

Ein allgemeines Rezept gibt es nicht, kann es schon deshalb nicht geben, weil Kinder einfach verschieden veranlagt sind. Eine Leitlinie aber läßt sich angeben, wie ein Kind erzogen werden soll: mit Festigkeit und Liebe. Ein Kind, gleichgültig welcher Altersstufe, braucht Liebe mehr als alles andere. Wenn österreichische Kinder in den Hungerzeiten unmittelbar nach dem Ersten und Zweiten Weltkrieg im Rahmen eines internationalen Hilfsprogramms von einer Familie im Ausland auf ein paar Monate aufgenommen wurden, so wurden diese Kinder dort sicher gut behandelt und lebten vergleichsweise wie im Paradies, aber sehnten sich oft danach zurück, gemeinsam mit ihrer Mutter hungern zu dürfen.

Konrad Lorenz hat den Begriff der »Prägung« eingeführt: Über die Notwendigkeit einer liebevollen Umgebung hinaus benötigt das Kleinkind die Bindung an eine bestimmte Person, meist wohl die Mutter. Insbesondere zwischen dem 18. und dem 30. Lebensmonat soll diese Bezugsperson nicht gewechselt werden und soll das Kind auch nicht für längere Zeit ohne diese Bezugsperson sein, um spätere Desorientierung und Bindungslosigkeit zu vermeiden. Konkret: Ein Kind von unter eineinhalb Jahren oder ein Kind von über zweieinhalb Jahren kann getrost auf ein paar Wochen bei den Großeltern am Land bleiben, im Zwischenalter jedoch soll es von seiner Bezugsperson nicht länger getrennt werden.

Eine Erziehung in Festigkeit und Liebe ist nur möglich, wenn zwischen Kindern und Eltern ein absolutes Vertrauensverhältnis herrscht. Dazu ist es zum Beispiel erforderlich, dem Kind überzeugend darzutun, daß es keine Strafe zu gewärtigen hat, wenn es eine Missetat sofort und offen eingesteht; daß später im Leben dann oftmals Reden Silber ist, Schweigen aber Gold, lernt das Kind frühzeitig genug dazu. Diese Grundregel liegt durchaus auch im praktischen Interesse der geplagten Eltern: Der Fleck im Teppich, der aufgedrehte Wasserhahn sind leichter in Ordnung zu bringen, je rascher sie bekannt werden.

Wichtig ist es, daß Vater und Mutter hiebei stets als Einheit auftreten. Ganz falsch wäre es, wenn etwa die Mutter dem Kind, das etwas angestellt hat, einschmeichelnd zuflüstert: »Das dürfen wir dem Papa nicht sagen!« Oder drohend: »Wenn Du nicht . . ., dann sage ich's dem Papa!« Erstens wird dadurch der Papa zum bösen Krampus stilisiert, zweitens aber wird das Kind zur Verheimlichung geradezu gedrängt; Vater und Mutter dürfen sich nicht wundern, wenn sie dann später vom Kind gegeneinander ausgespielt werden.

Das unbedingte Vertrauensverhältnis beruht auf Gegenseitigkeit. So ist es auch ein Unsinn, Kindern die abstruse Geschichte vom Storch zu erzählen. Schon auf die allerersten Fragen kann man ihnen wahrheitsgemäß sagen, daß kleine Kinder zuerst im Bauch der Mutter heranwachsen und

dann geboren werden. Folgende schreckliche Geschichte soll sich tatsächlich zugetragen haben: Ein dreijähriges Mädchen entdeckte etwas Unbekanntes zwischen den Beinen seines neugeborenen Brüderchens und fragte danach. Die Mutter antwortete leichthin: »Das hat der liebe Gott vergessen wegzutun.« Kurz darauf, die Kinder waren allein im Zimmer, ertönte furchtbares Geschrei: Das brave Mädchen hatte mit einer Schere dem lieben Gott nachgeholfen. Der Säugling verblutete.
Generell: Die sogenannte »sexuelle Aufklärung« sollte nicht in Form einer »feierlichen Einweihung« erfolgen, sondern laufend, wie es sich ergibt, und eher früher als später, am besten noch einige Zeit vor der Pubertät. Dann ist es für die Kinder einfach ein Stück Wissen, vergleichbar vielen anderen Stücken an Wissen auch.
Etwas schwieriger ist die Aufklärung hinsichtlich der Existenz des Christkindes – für das Kleinkind in Österreich ein so essentieller Lebensbestandteil, daß auch atheistische Familien vor dem Christkind am Abend des 24. Dezember die Waffen strecken. Wenn dann einem Sechs- bis Siebenjährigen hämisch von einem älteren Kind gesagt wird: »Ätsch, das Christkind gibt es ja gar nicht!«, so bedeutet dies für viele Kinder einen schweren Schock, der für sie ganz allgemein die Vertrauensbasis der Welt der Erwachsenen, einschließlich den eigenen Eltern gegenüber, erschüttert. Andererseits aber gehört der Glaube an das Christkind zum Schönsten, das das Leben eines Kindes im Vorschulalter erfüllt.
Diese »Aufklärung«, wie jede andere Aufklärung auch, sollten Eltern nicht äußeren Zufallsereignissen überlassen, sondern selbst vornehmen, ebenfalls im Zweifel eher früher als später. Wir haben unseren Kindern, als sie etwa sechs Jahre alt waren, das Christkind mittels der Banküberweisung erklärt. Die Kinder wußten, daß man eine Rechnung entweder direkt, in bar, bezahlen kann, oder daß ich sie mittels Erlagscheines von meinem Konto abbuchen lassen kann. Wir sagten unseren Kindern (sinngemäß): »Das Christkind gibt es wirklich; es ist der Sohn Gottes, dem wir alles verdanken, was wir haben. Durch die Güte Gottes ist es uns möglich, dich zu Weihnachten zu beschenken. Das Christkind beschenkt dich also indirekt, über deine Eltern, so wie ich eine Rechnung über die Bank bezahle. Die Kinder, die kleiner sind als du, würden das nicht verstehen; denen muß man sagen, daß das Christkind direkt zu ihnen kommt. Aber du bist groß genug, um zu verstehen, daß das Christkind nicht in alle Häuser gleichzeitig beim Fenster hereingeflogen kommen kann, sondern daß das Christ-

kind dich über deine Eltern beschenkt.« Die Kinder haben diese Erklärung dankbar, problemlos und geschmeichelt aufgenommen.
Zur Gegenseitigkeit der Vertrauensbasis zwischen Eltern und Kindern gehört aber auch, daß Eltern einen den Kindern gegenüber begangenen Fehler offen eingestehen. Als ich etwa vier und mein jüngerer Bruder zwei Jahre alt war, hatten wir strenges Verbot, beim Spielen auf die Straße hinauszulaufen. Eines Tages erblickte uns mein Vater auf der Straße, kam heraus und verpaßte mir als dem Älteren eine Ohrfeige. Ich schluchzte: »Aber ich habe ihn doch nur hereinholen wollen!« Mein Vater erkannte, daß dies der Wahrheit entsprach, und entschuldigte sich bei mir. Ich erinnere mich bis heute an das beglückende Gefühl, das ich dabei empfand, als mein großmächtiger Vater sich bei mir, dem Knirps, entschuldigte.
Kleinkindern müssen Sachverhalte mit Kategorien erklärt werden, die ihrem Weltbild entsprechen. Es hat keinen Sinn, Kinder vor dem Überfahrenwerden oder vor dem Sturz vom Fensterbrett damit zu warnen, daß sie dann »tot« wären; das sagt dem Kind nichts, ja, könnte sogar eventuell seine Neugier wecken, wenn es irgendwo aufgeschnappt hat, daß ein totes Kind »bei den Englein« sei. Ungleich zielführender ist es, das Kind mit den Worten zu warnen: »Das würde Dir *sehr* weh tun!« Oder: »Dann müßtest Du *sehr* weinen!«
Überhaupt erleben Kinder alles viel intensiver als Erwachsene. Wenn ein Kind verzweifelt ist, weil sein Teddybär beim Spielen plötzlich in zwei Stücke gerissen wurde, dann erlebt es dies mindestens so unmittelbar, wie wenn wir mitansehen müßten, wie ein geliebter Mensch in zwei Teile zerrissen wurde. Es wäre also ganz falsch zu schimpfen: »Hör doch auf mit dem Geheul wegen des blöden Teddybären!« Das Kind braucht dringend Verständnis und Trost. (Und flicken Sie, bitte, den Teddybär ehestmöglich wieder zusammen!)
Ein kritischer Punkt ist erreicht, wenn ein weiteres Kind geboren wird. Für jedes Kind, ob kleiner oder größer, bedeutet es einen schweren Schock, wenn ihm die Eltern – in der besten Absicht! – erklären: »Du mußt vernünftig sein und mußt verstehen, daß wir jetzt nicht mehr so viel Zeit für dich haben!« Noch schlimmer ist es, wenn die Eltern gar nichts sagen und das Kind unausgesprochen merkt, daß es von einem Tag auf den anderen weniger Aufmerksamkeit erfährt. Der Urhaß, der dem Neugeborenen gegenüber in diesem Augenblick entsteht, durchzieht oft das gesamte spätere Leben. So schwer es den Eltern auch durch die veränderten Lebens-

umstände fällt, ist es doch unbedingt erforderlich, dem älteren Kind auch nach der Geburt des Neuankömmlings dieselbe Aufmerksamkeit wie vorher zuzuwenden, ja, das ältere Kind womöglich sogar irgendwie aufzuwerten, auch dadurch, daß es in der Betreuung des Neulings mitwirken »darf« (es muß aber wirklich ein »dürfen« sein, kein verkapptes »müssen«!). Unser älterer Sohn war fünfzehn Jahre alt, als unser zweiter Sohn geboren wurde. Er sah diesem kommenden Ereignis mit sehr geringer Freude entgegen. Als er und ich meine Frau von der Entbindungsanstalt abholten, drückte ich ihm die Tragtasche mit dem winzigen Bündel Mensch in die Hand und sagte: »Das ist dein nächster Verwandter in dieser Welt!« Seine Augen leuchteten auf, und er war es, der den neuen Erdenbürger in unsere Wohnung trug. Kurz darauf erwähnte ich, recht beiläufig: »Du und ich, wir haben bis jetzt nur ein Vormittags-Konzertabonnement gehabt; ich glaube, Du bist jetzt groß genug, daß wir für die nächste Saison einen Abend-Zyklus abonnieren können.« Wir waren nach Kräften bemüht, sein Dasein nicht einzuschränken, sondern zu verschönern. Begeistert schob er den Kinderwagen mit seinem Bruder spazieren, und die beiden ungleichen Brüder waren einander stets in herzlicher Liebe zugetan.

Während Kinder vielfach dort wie (kleine) Erwachsene behandelt werden, die »vernünftig« sein sollen, wo sie keine Erwachsenen, sondern Kinder sind, werden sie in anderen Bereichen wie Kinder behandelt, wo dies ihre Entwicklung ausgesprochen hemmt. Es ist blanker Unsinn, mit Kindern in einer künstlichen Kindersprache zu kommunizieren, etwa wenn eine Tante (in bezug auf sich selbst) sagt: »Gib der Tante das schöne Handi!« Die relative Bedeutung der 1. und 2. Person ist eine Klippe, die von Anfang an geübt werden sollte, ebenso die drei Geschlechter (männlich, weiblich, sächlich) in der deutschen Sprache, und warum soll die rechte Hand »schön« sein? Das arme Kind muß damit zuerst eine Kunstsprache erlernen, die es sehr bald wieder mühsam zu verlernen gezwungen sein wird. Wozu der Umweg; besser von Anfang an: »Komm, gib mir die Hand, die rechte Hand!«

Noch eine Frage sei behandelt, die in meinen Augen heute – nicht nur in Österreich – falsch gesehen wird: das kindliche Spiel mit Waffen. Nach den zwei furchtbaren Kriegen, die wir in diesem Jahrhundert mitgemacht haben, sind wir glücklich über die Tatsache, daß sich Österreich zu »immerwährender Neutralität« verpflichtet hat, gibt es wohl niemanden unter uns, der Krieg und Kriegführung verherrlichen würde, und werden wir alle bemüht sein, der nächsten Generation die Schrecken eines Krieges bestmöglich vor Augen zu führen, um sie zu friedliebenden Menschen zu erziehen. Es ist daher sicher richtig, wenn Kinder nicht Arsenale von Kriegsspielzeug geschenkt bekommen, Kanonen, Panzer, Bomber.

Aber ein generelles Verbot aggressiver Handlungen ist nicht zielführend. Das Kleinkind fühlt sich einer übermächtigen Außenwelt schutzlos preisgegeben. Wenn der Vierjährige einen Stecken aufhebt, auf seinen Vater anlegt und sagt: »Bumbum, jetzt bist du tot«, so zeigt er damit keineswegs eine frühzeitige Neigung zu einer späteren Karriere in der französischen Fremdenlegion. Er sublimiert damit nur, durch das Spiel, seine objektive Inferiorität; er baut einen psychologischen Schutzmechanismus auf. Das richtige Verhalten des Vaters besteht nicht darin, ihm die Verwerflichkeit seines Tuns auseinanderzusetzen, sondern die Augen zu verdrehen, die Hände in die Luft zu werfen und »tot« umzufallen. Dann lachen beide herzlich, und das Spiel geht irgendwie weiter. Und wenn man dem Sechsjährigen seine zwei chromblitzenden Pistolen im breiten Trappergürtel ruhig beläßt, ohne davon irgendein Aufhebens zu machen, wird er in absehbarer Zeit kein Interesse mehr daran haben.

Die Richtigkeit meiner These wird durch ein Gegenbeispiel erhärtet. Ein Bekannter von mir, überzeugter Pazifist, achtete ängstlich darauf, daß seine Söhne nie auch nur die kleinste Spielzeugwaffe in die Hand bekamen – mit dem Ergebnis, daß er sie, Jahre später, als Halbwüchsige, mit echten Pistolen erwischte. Ich möchte umgekehrt behaupten: Was Kinder im Spiel abreagieren können, verliert seine Macht über sie. Mein Bruder und ich hatten als Kinder ein (leicht verbogenes) Spielzeug-Roulette, mit dem wir stundenlang spielten. Mit der Zeit kamen wir drauf, daß die paar benachbarten Zahlen an der verbogenen Stelle mit größerer Häufigkeit eintrafen. Damit sprengten wir stets die Bank, und das Spiel wurde immer langweiliger. Keiner von uns wurde später zum Spieler.

Zurück zur kindlichen Urangst vor allem Übermächtigen in seiner Umgebung. Hier liegt auch die große Bedeutung der Märchen für das Kind. Für ein Kind handelt Hänsel und Gretel nicht von Kindesaussetzung, Kannibalismus und Mord an einer alten Frau. Der tiefe Sinn dieses Märchens, wie der aller analogen Märchen, ist stets der gleiche: Auch wenn ich noch so wehrlos übermächtigen Kräften ausgeliefert bin – ich kann es durchstehen! Die Aussetzung durch die Eltern, der im Käfig gefangene Hänsel, verkörpern das wehrlos Ausgeliefert-Sein; die Verbrennung der Hexe verkörpert das Es-Durchgestanden-Haben. Bezeichnenderweise sind es dieselben Eltern, welche die Kinder ausgesetzt hatten, zu denen die Kinder glücklich zurückkehren; Eltern sind eben für das Kind gleichzeitig Bedrohung und Schutz. Das Kind sieht keinen Widerspruch; für das Kind zählt nicht die (Schuld der) Person, sondern nur die Funktion: Hier das Ausgesetzt-Sein, dort das mit den geliebten Eltern Glücklich-Leben-Können. Jedes dieser Märchen, so grausam sie mit der Brille der Erwachsenen auch erscheinen mögen, vermittelt dem Kind Sicherheit und Selbstvertrauen und stellt damit ein wichtiges Hilfsmittel im Rahmen einer positiven, das Leben und die eigenen Aufgaben im Leben bejahenden Erziehung dar.

5 Jugend und Schule

Der heranwachsende Jugendliche soll schrittweise zur Übernahme von immer mehr Selbstverantwortung gebracht werden. Je leichter ein Kind lernt, desto eher kann ihm eine breite Ausbildung zuteil werden. Besonders wichtig ist die frühzeitige Einbindung in Gemeinschaften. Die Hauptverantwortung trägt das Elternhaus; diese Verantwortung kann nicht an die Schule abgeschoben werden.

Wenn ich mich im vorangegangenen Abschnitt gegen die Extreme einer anti-autoritären Erziehung ausgesprochen habe, so ist doch festzuhalten, daß in Österreich eher die gegenteilige Einstellung dominiert. Verglichen mit anderen Ländern, muß Österreich, insbesondere das (überalterte) Wien, als ausgesprochen kinderfeindlich bezeichnet werden. Kindern ist so ziemlich alles verboten; sie dürfen nirgends tollen, nirgends schreien.

In den sterilen Parks dürfen sie keine Laubhütten oder Baumhäuser bauen; es sind ihnen winzige, eingezäunte Reservate zugewiesen, wo sie sittsam genormte Rutschen und Hutschen benützen dürfen. In dem Augenblick, in dem einem Kind das Temperament durchgeht, findet sich sofort irgendein wildfremder Senior, der das Kind – im Vollgefühl eines ihm offenbar obliegenden allgemeinen »Erziehungs-Auftrages« – lautstark zurechtweist.

Wir werden die älteren Großstädter, die den heutigen Kindern gegenüber die Frustrationen ihrer eigenen Jugend abreagieren, nicht mehr ändern. Um so wichtiger ist es, unseren Kindern, so gut wie irgend möglich, die ihrer Altersstufe jeweils entsprechenden Freiräume zu schaffen. Eine jüngst durchgeführte Untersuchung hat ergeben, wie viele Knder sich vor den großen Ferien fürchten, weil sie von ihren Eltern auf stundenlangen Autofahrten irgendwo im Ausland von Sehenswürdigkeit zu Sehenswürdigkeit geschleppt werden. Der weit überwiegende Teil der befragten Kinder gab an, sich als Idealferien einen Urlaub am Bauernhof zu wünschen.

Je kleiner ein Kind, desto mehr benötigt es, aufgrund seiner objektiven Unsicherheit, einen festen Bezugsrahmen, also am besten ein gleichbleibendes Urlaubsdomizil, womöglich Jahr für Jahr dasselbe. Unsere Elterngeneration hatte diesem Bedürfnis noch mit dem Begriff der »Sommerfrische« entsprochen; eine der wohlhabendsten Familien unseres Bekanntenkreises verbrachte Jahrzehnte hindurch jeden Sommer in Viehdorf (diesen Ort gibt es wirklich!). Erst in reifem Schulalter, viel später, als sich manche Eltern einreden, ist ein Kind seelisch imstande, eine Besichtigungswoche als Gewinn zu empfinden.

Damit kommen wir zu einem zweiten Aspekt des Begriffes »Erziehung«: der schrittweisen Hinführung zur Selbständigkeit. Es gibt kein allgemeines Rezept, in welchem Alter einem Kind wie große Freiheitsräume zu gewähren sind; daß ein Überbehüten aber ein schlechter Ausdruck elterlicher Liebe ist, geht aus den tatsächlichen Fällen hervor, in welchen ein Kind bis zum vierzehnten Lebensjahr in die Schule begleitet wurde und mit fünfzehn Jahren von einem Auto niedergestoßen wird.

Im Umgang mit Geld schlagen oft Erbanlagen ungleich stärker durch als Erziehungsversuche. Um so mehr aber sollten Kinder von klein auf, in einem ihrem Horizont jeweils entsprechenden Rahmen, auch an den selbstverantwortlichen Umgang mit Geld gewöhnt werden. Mit Schulbeginn, eventuell sogar schon vorher, sollten Kinder ein nicht allzu hohes, festes Taschengeld erhalten – anfangs wöchentlich, ab dem zehnten Lebensjahr eher monatlich. Gleichzeitig sollte jedoch ein Sparbuch eröffnet werden. Wichtig ist, daß dieses Sparbuch nicht dem Zugriff des Kindes entzogen bleibt, sondern daß das Kind auch über das Sparbuch selbständig verfügen kann. Bei jedem Empfang von Taschengeld, bei jedem Geldgeschenk soll das Kind entscheiden, wieviel davon aufs Sparbuch kommen soll und wieviel es in einer Handkassa behalten möchte, um es in der nächsten Zeit auszugeben.

Wünscht das Kind eines Tages einen erheblichen Teil des Sparguthabens abzuheben, um irgendeine (in den Augen der Eltern unsinnige) Anschaffung zu tätigen, so ist es wohl zulässig, das Kind liebevoll hinsichtlich der Sinnhaftigkeit der Ausgabe zu beraten; wenn es aber trotzdem darauf besteht, sollten die Eltern widerspruchslos den Wunsch erfüllen. Das Kind ist sich der anschließenden Ebbe in seinen Finanzen ausreichend bewußt.

Ich halte es auch nicht für günstig, Kinder für jede Hilfeleistung im Haushalt mit Geld zu honorieren. Damit wird eine Atmosphäre der Käuflichkeit des Lebens erzeugt; viel besser ist es, wenn der Tagesablauf im Haushalt als Symbiose empfunden wird, zu der jedes Familienmitglied nach Möglichkeit beiträgt. Den Kindern kann es hiebei z. B. obliegen, den Tisch zu decken, das Geschirr abzuräumen usw. Anders ist es, wenn ein größeres Kind etwa auf eine Fernsehsendung verzichtet, um dafür irgendeine Son-

derarbeit zu übernehmen. Dann kann (und soll) diese Hilfeleistung durchaus materiell abgegolten werden.
Es ist keineswegs bürgerliche Dekadenz, Kinder frühzeitig an den Eigentumsbegriff zu gewöhnen – Eigentum nicht im Sinne schrankenlosen Besitzes, sondern anvertrauten Gutes. So sollte jedes Kind sein Zimmer oder zumindest seine Ecke haben, in der es walten kann und für die es auch verantwortlich ist. Wenn ein Spielzeug mutwillig zerstört wurde, wäre es ganz falsch, es sofort »aus Liebe« nachzukaufen. Auch sollte ein Kind nie gezwungen werden, einem anderen, jüngeren Kind des Bekannten- oder Verwandtenkreises ein bestimmtes Spielzeug zu schenken (»Das brauchst du doch ohnehin nicht mehr!«). Dem Zehnjährigen mag gerade das Quietschpupperl seiner Babytage besonders ans Herz gewachsen sein. Ihm dieses Quietschpupperl auszureden erzieht nur zu Bindungslosigkeit und damit zu Verantwortungslosigkeit.
Anders, wenn man fragt: »Hast du irgendein Spielzeug, mit dem du nicht mehr spielst und das du dem in der Hausmeisterwohnung eingezogenen Gastarbeiterkind schenken kannst?« Wenn das Kind dann etwas heraussucht und selbst verschenkt, ist es ein freiwilliger Verzicht zugunsten eines guten Zweckes.
In Österreich sind Mehrkindfamilien heute eher die Ausnahme als die Regel. Innerhalb einer Mehrkindfamilie geschieht ein erheblicher Teil der Erziehung, des sich in eine Gemeinschaft Einfügen-Lernens, durch die Kinder gegenseitig. Um so wichtiger ist es für Einzelkinder, Gemeinschaftssituationen zu erleben. Es wäre falsch, ein Einzelkind vom Besuch eines Ferienlagers abzuhalten (»Wer weiß, was es dort an Kraftausdrücken lernt; was ihm dort passiert; wie verkühlt es zurückkommt«). Gerade ein Einzelkind sollte die Erfahrung machen, daß es im Leben nicht immer und überall nach den gewohnten Regeln des Elternhauses zugeht; Raufereien, ja Kameradschaftsdiebstähle gehören ebenfalls zum Reifungsprozeß.
In diesem Sinne ist auch jede Mitgliedschaft in einer Jugendgruppe – Pfadfinder, Jungschar, später Hochschulverbindung – zu begrüßen. Jugendliche, die frühzeitig und systematisch gelernt haben, sich einer Gemeinschaft einzufügen und in dieser Gemeinschaft zu behaupten, bringen nicht nur auf die Universität ungleich größere Reife und ungleich höheres Verantwortungsbewußtsein mit als Kinder, die bindungslos herangewachsen waren, sondern tun sich auch im anschließenden Berufsleben wesentlich leichter.

Welche Schule soll ein Kind besuchen?
Ich habe schon einmal, weiter oben, bewußt überspitzt formuliert: Aufgabe des Schulsystems sollte es nicht sein, Gleichheit zu schaffen, sondern Ungleichheit zu fördern! Chancengleichheit bedeutet nicht nur, daß gleich begabte Jugendliche gleiche Chancen haben sollen; Chancengleichheit bedeutet vor allem auch, daß jedem Kind eine seinen jeweiligen Fähigkeiten entsprechende Erziehung zuteil werden soll!
Dies sei nun präzisiert bzw. relativiert.
So besteht die Aufgabe der Schule sicherlich nicht ausschließlich im kognitiven Bereich, in der Vermittlung von Wissen. Schule soll den einzelnen auch in ein Gemeinschaftsleben einführen. In diesem Sinne ist es offen, ob körperbehinderte, aber geistig normale Kinder besser in einer auf ihre Bedürfnisse zugeschnittenen Spezialschule oder aber gemeinsam mit nichtbehinderten Kindern unterrichtet werden sollen. Insbesondere den nichtbehinderten Kindern kann es nicht schaden, frühzeitig zu lernen, auf behinderte Mitmenschen Rücksicht zu nehmen. Sie werden dann später im Leben eher auf Alte, Kranke oder sonstwie Diskriminierte Rücksicht nehmen.
Noch in einem zweiten Punkt wurde ich zur Vorsicht gemahnt. Ich führte einmal ein längeres Gespräch mit einem leitenden Fachmann aus dem Bundesministerium für Unterricht. Ich sagte ihm: Meiner Schätzung nach können rund 20 Prozent aller in die erste Volksschulklasse eintretenden Kinder bereits lesen; bei den meisten von ihnen bedurfte es gar keiner Anregung durch eine intellektuelle Atmosphäre im Elternhaus, sondern diese Kinder gingen einfach mit offeneren Augen (im buchstäblichen Sinne des Wortes) durch die Welt. Diese Kinder langweilen sich erfahrungsgemäß in den ersten Schuljahren schrecklich. Könnte man nicht, so fragte ich ihn, zumindest in größeren Ballungsgebieten jeweils einen parallelen Volksschulzug für diese Kinder einrichten, damit sie ihre Volksschuljahre besser nutzen können?
Ich erhielt eine Antwort, die mich überzeugte: Würde dies verwirklicht, so gäbe es genug Eltern, die in falschem Ehrgeiz ihren armen Kindern vor Schuleintritt mit Mühe das Lesen beibrächten, nur um sie für diesen Elite-Zug zu qualifizieren.
Also: Die sinnvolle Differenzierung dürfte erst nach Schulbeginn einsetzen. Es gibt unzählige differenzierte Schulformen – es gibt neben den traditionellen Schulformen auch Sport-Gymnasien, es gibt Musik-Gymna-

sien, Musik-Hauptschulen, ja, es soll nun auch versuchsweise eine Musik-Volksschule eingerichtet werden. In derartigen Schulen kann Kindern, die auf einem bestimmten Gebiet besonders begabt sind, schon frühzeitig eine *zusätzliche* vertiefte Ausbildung zuteil werden.

Dieser Aspekt der *zusätzlichen* Ausbildung erscheint mir sehr wichtig. In vielen Ländern (seit einiger Zeit auch in Österreich) ist es rechtlich zulässig, daß besonders begabte Kinder eine Klasse überspringen können. Alle Erfahrungen haben aber gezeigt, daß diese Kinder zwar den Sprung hinsichtlich ihres Lernerfolges problemlos verkraften, daß sie aber später in ihrem Familien- und Arbeitsleben überdurchschnittliche Schwierigkeiten haben. Es ist auch klar, warum: Ein Vierzehnjähriger ist unter lauter Fünfzehn- und Sechzehnjährigen nicht gut integriert; deren Interessen, deren Gesprächsthemen sind (noch) nicht die seinen. Daß er überdies als Wunderkind gilt, macht ihn um so mehr zum Außenseiter.

Eltern, deren Kind weit überdurchschnittlich leicht lernt, empfehle ich statt dessen, dem Kind *zusätzliche* geistige Betätigungen zu eröffnen – es außerhalb der Schule eine weitere Sprache, ein Musikinstrument erlernen zu lassen. Eine laufende Unterauslastung eines leicht lernenden Kindes kann nämlich dazu führen, daß dieses Kind den Zeitpunkt verpaßt, ab dem ihm nicht mehr alles zugeflogen kommt, und ziemlich rasch in ernste Schwierigkeiten (kognitiver wie psychischer Art) gerät. Durch eine weitere Fremdsprache, durch ein Musikinstrument, das es außerhalb des Schulbetriebes erlernt, ist es den anderen Kindern nicht voraus, kein Außenseiter, sondern bleibt normal in die Klasse integriert.

Zurück zu unserem, in Österreich erfreulich breit gefächerten Schulsystem. Ein Vorwurf, der gegen eine allzu frühe Differenzierung oft erhoben wird, ist, daß dadurch das Fachidiotentum gefördert werde, Menschen herangezogen werden, die nur von einem Fachgebiet etwas verstehen, in allen übrigen jedoch hilflos sind.

Dies hat viel für sich: Heute mehr denn je müßte aber etwa ein Techniker nicht nur eine solide Ausbildung in seinem eigentlichen Fach aufweisen, sondern auch viel von Wirtschaftsdingen einerseits, von ökologischen Zusammenhängen andererseits wissen. Zählt man alles zusammen, was der Idealbürger von morgen gelernt haben müßte, um den Anforderungen des Lebens gerecht zu werden, so müßte er wohl bis zum Pensionsalter die Schulbank drücken. Es gilt daher auch in dieser Frage einen sinnvollen Mittelweg zu finden:

Wenn ein Kind im allgemeinen schwer lernt, aber eine eindeutige Begabung aufweist (z. B. sich in Sprachen schwertut, aber mit sechs Jahren schon selbst ein Radio bastelt und in den naturwissenschaftlichen Fächern gut mitkommt), so sollte die Differenzierung früh einsetzen. Hat ein Kind jedoch in allen Fächern gute Noten, so sollte man ihm eine möglichst breite Allgemeinbildung zukommen lassen, bevor die Differenzierung einsetzt; läßt sich bei einem leicht lernenden Kind eine Spezialbegabung schon früh erkennen, so könnte die Mittelschulzeit bewußt dem Erwerb von Komplementärwissen gewidmet werden! Die berühmte Tatsache, daß Absolventen eines humanistischen Gymnasiums in einem anschließenden Technik-Studium Absolventen anderer Mittelschultypen gegenüber überlegen sind, ist allerdings mit Vorsicht zu genießen: Wahrscheinlich wären sie als Zehnjährige nicht ins humanistische Gymnasium gesteckt worden, wenn sie nicht damals schon überdurchschnittlich gut gelernt hätten.

Nochmals zurück zu jenen Kindern, die schwer lernen, aber handwerklich geschickt sind. Diese Kinder besuchen in städtischen Bereichen nicht die Unterstufe der AHS, sondern die Hauptschule, anschließend oft nur den Polytechnischen Lehrgang. Es ist nun ganz falsch, wie es bisher geschieht, den Lehrplan der Hauptschulen krampfhaft möglichst dem Lehrplan der Unterstufe der AHS anzugleichen, de facto also nur eine – reichlich verwässerte – Unterstufe der AHS anzubieten. Abgängern dieser Art von Hauptschule ist damit ihre allgemeine Minderwertigkeit geradezu verbrieft. Wesentlich zielführender wäre es, in städtischen Bereichen, in denen die Hauptschulen also in unmittelbarer Konkurrenz zu einer AHS stehen, diese Hauptschulen zu einer »neuen Realschule« umzufunktionieren, einen Schultyp zu schaffen, der gezielt auf das spätere Erlernen eines Handwerks ausgerichtet ist, der also vornehmlich die manuellen Fähigkeiten fördert. Der Absolvent dieser Schule hat dann dem Untergymnasiasten etwas anderes, Spezifisches, voraus, das jener nicht hat, kann also für sich ein durchaus gleichrangiges Sozialprestige in Anspruch nehmen. Diese Ausrichtung der Hauptschulen würde also nicht nur das individuelle Wohl Tausender Schüler verbessern, sondern hätte auch gesamtgesellschaftliche Vorteile: Im Österreich von morgen wird ein größerer Mangel an tüchtigen Facharbeitern als an noch mehr Absolventen akademischer Studien, die heute schon überfüllt sind, gegeben sein.

Nur um Mißverständnissen vorzubeugen, sei noch hinzugefügt, daß selbstverständlich Übertrittsmöglichkeiten vorgesehen werden sollten für jene Kinder, denen erst zu einem späteren Zeitpunkt der »Knopf aufgeht«, wie auch umgekehrt die Möglichkeit für Maturanten verstärkt werden sollte, eine – entsprechend verkürzte – Lehre zu absolvieren.
Die Aufgaben des Bildungssystems habe ich in meinem Buch »Megatrends für Österreich« einigermaßen breit skizziert. Ich möchte aber noch zwei Aspekte hinzufügen.
Erstens: Die Bedeutung von Fremdsprachen kann nicht hoch genug eingeschätzt werden, und dies nicht nur aus Nützlichkeitserwägungen. Jede weitere Sprache eröffnet einen neuen Horizont, erweitert das Verständnis für andere Menschen, andere Kulturen, baut Vorurteile ab. Noch wichtiger sind deshalb – auf einer schulischen Grundkenntnis der betreffenden Sprache aufbauende – Auslandsaufenthalte, und zwar nicht nur Kurzbesichtigungsreisen, sondern Aufenthalte, bei denen der heranwachsende Jugendliche mit Menschen des anderen Landes in längeren, direkten Kontakt kommt.
Zweitens: Unser einmaliges kulturelles Erbe in Österreich kann von der nächsten Generation nur dann genutzt, weitergetragen und weiterentwickelt werden, wenn die Jugend selbst in dieses Erbe eingeführt wird. Dazu gehören nicht nur die musischen Fächer im formalen Schulunterricht; dazu gehört, daß Kinder ermutigt werden sollten, in Mal- und Zeichenkursen, in Theaterspielgruppen, im Schulchor, im Schulorchester mitzuwirken. Insbesondere Theaterspiel, Chor und Orchester weisen noch den positiven Nebeneffekt auf, daß die harmonische Einfügung in eine Gemeinschaft, quasi spielerisch, erlernt wird – die Übernahme einer speziellen, für das Gelingen des Ganzen wichtigen Funktion –, und damit auch Verantwortungsbewußtsein und Selbstgefühl gestärkt werden. Und wenn – wider Erwarten – im schulischen Bereich hiezu an Ihrem Wohnort wenig Möglichkeiten bestehen sollten: Es gibt, wie schon einmal gesagt, kaum ein Dorf in Österreich, in welchem keine kulturellen Vereinigungen bestünden, in denen sich auch Heranwachsende betätigen können.

Noch auf einen weiteren Problemkreis sei freimütig eingegangen: Jugend und Sexualität. Als wir jung waren, gab es weder die Pille noch AIDS. Die Jugend wächst also heute unter objektiv geänderten Voraussetzungen

heran; es wäre falsch (und müßte auch mißlingen), wollten wir unsere damaligen Einstellungen unverändert auf die heutige Zeit übertragen.
Ferner ist es eine Erfahrungstatsache, daß eine zwischen reifen, erfahrenen Menschen geschlossene Ehe ceteris paribus mit größerer Wahrscheinlichkeit dauerhaft ist als eine zwischen unerfahrenen Menschen geschlossene. Eine gewisse Erfahrung mit dem anderen Geschlecht – Erfahrung im weitesten Sinne des Wortes, eine Erfahrung, die sexuelle Erfahrung einschließen kann, aber nicht muß – ist von diesem Standpunkt aus ebenfalls zu begrüßen. In diesem Sinne bietet die heute in Österreich allgemein übliche schulische Koedukation eine bessere Basis als die noch vor einer Generation dominierende, nach Geschlechtern getrennte Schule.
Dennoch, oder gerade deshalb, sollten wir bemüht sein, der Jugend das Besondere der vollständigen Vereinigung mit einem geliebten Menschen zu vermitteln. So wie es uns nicht reicher gemacht hat, täglich Torte konsumieren zu können, sollten wir versuchen, der Jugend bewußt zu machen, daß beliebige Promiskuität nur eine höchst fragwürdige Bereicherung des Daseins darstellt. Gewiß, die Zeiten sind vorbei, in denen die Bejahung der Vereinigung zweier Liebender totale Hingabe erforderte, untrennbar verbunden mit der Möglichkeit (ja, oft der unentrinnbaren Konsequenz) der folgenden Katastrophe – Tristan und Isolde, Romeo und Julia, Faust und Gretchen, Kronprinz Rudolf und Mary Vetsera. Diese Schicksalhaftigkeit einer Bindung kann heute nicht mehr nachempfunden werden. Gewiß werden wir uns die Zeiten der Gretchen-Tragödie nicht mehr zurückwünschen; aber die Jugend sollte doch mitbekommen, daß die vollständige Hingabe an einen anderen Menschen mehr bedeuten sollte als eine Turnübung zur Wiederherstellung eines ausgeglichenen Hormonspiegels, ein unverbindlicher Spaß. Diese Einstellung kann kaum direkt vermittelt werden; überwiegend indirekt: Herrscht im Elternhaus eine gleichförmige, unstrukturierte, konsumorientierte Atmosphäre, gibt es Torte zu jeder sich bietenden Gelegenheit (im unmittelbaren wie im übertragenen Sinne), so dürfen wir uns über Beliebigkeit in den Partnerbeziehungen der Kinder nicht wundern. Herrscht jedoch im häuslichen Leben Ordnung und Struktur, so sind unsere Kinder auf die schwierigen Jahre zwischen Kindheit und Erwachsen-Sein allein dadurch schon besser vorbereitet.
Diese Problematik hat in den allerletzten Jahren durch AIDS eine neue Di-

mension gewonnen. Es wäre zu billig, die AIDS-Angst als willkommenen Sittlichkeitshüter einzusetzen. Es erscheint mir eher so, daß die nächste Generation ohnehin mit mehr Verantwortungsbewußtsein an Partnerbeziehungen herangeht als die Generation vor ihr, und daß dieses Verantwortungsbewußtsein durch AIDS nur verstärkt wird.
In der im Herbst wieder aufgeflammten Diskussion über die Verwendung eines »Sexkoffers« an Österreichs Schulen blieb eine Grundfrage praktisch unberührt. Wem obliegt eigentlich sexuelle Aufklärung? Dem Elternhaus oder der Schule? Oder sollte die Schule nicht nur dort subsidiär einspringen, wo das Elternhaus – aus welchen Gründen immer – versagt? In früheren, weit prüderen Zeiten haben sich die Eltern gern vor dieser Aufgabe gedrückt, wäre ein »Sexkoffer« also eigentlich nützlicher gewesen; heute aber herrscht zwischen Eltern und Kindern im allgemeinen eine viel offenere Beziehung, wird zwischen Eltern und Kindern über viele Bereiche gesprochen, die früher tabuisiert waren.
Wir sollten daher – noch viel grundsätzlicher – fragen, wie eigentlich die Aufgabenteilung zwischen Elternhaus und Schule aussehen sollte. Es wäre allzu bequem, alle Verantwortung für die Erziehung der nächsten Generation an die Schule abzuschieben und diese für alle auftretenden Unzulänglichkeiten verantwortlich zu machen. Sicher, es gibt – leider nur zu viele – Situationen, in denen Kinder praktisch kein Elternhaus haben und wir dann glücklich sein müssen, wenn diese Kinder wenigstens guten Lehrern anvertraut werden können. Für den Normalfall aber gilt, daß in der gesamten Geschichte der Menschheit bisher noch keine Alternative gefunden werden konnte, die der Familie überlegen gewesen wäre. Seitens des Gesetzgebers sollte daher alles nur irgend Mögliche getan werden, um »Familie« in jeder Hinsicht zu stärken. Übersehen wir aber auch hier nicht die Verantwortung des einzelnen: Ob und wie eine Familie funktioniert, hängt primär von den Familienmitgliedern selbst ab, insbesondere also von den Eltern. Dieser Verantwortung für die Familie, für die Kinder und ihre Erziehung, können und sollen wir uns nicht entziehen.

6 Mann und Frau

Die (selbstverständlich zu bejahende) Gleichberechtigung von Mann und Frau sollte nicht mit Gleichartigkeit verwechselt werden. Durch diese Verwechslung haben die Emanzipationsbestrebungen der Frau bisher weit mehr Nachteile als Vorteile gebracht. Es geht, insbesondere auch im Interesse der Frauen selbst, um eine optimale Rollenteilung innerhalb der Familie.

»Ich bin nicht für Gleichberechtigung von Frauen; ich bin für Vorrechte von Damen.«

Mit diesem – nur teilweise scherzhaft gemeinten – Spruch ärgere ich gerne engagierte Frauenrechtlerinnen. Dann füge ich noch mit möglichst ernster Miene hinzu, daß wir wirklich nicht ruhen und rasten sollten, bis nicht auch genau 50 Prozent der Arbeiter am Hochofen, in der Müllabfuhr und in der Kanalräumung weiblichen Geschlechtes sind. Und dann frage ich sie noch, ob sie mir beim Weggehen wohl in den Mantel helfen werden?

Anders ausgedrückt: Es steckt sicherlich ein Sinn dahinter, wenn der liebe Gott (oder, wenn Sie so wollen, die Evolution) zwei verschiedene Geschlechter geschaffen hat. Die Somatologie kennt über 200 objektive spezifische Unterschiede zwischen Mann und Frau.

Der große Irrtum der Emanzipationsbestrebungen lag darin, Gleichwertigkeit mit Gleichartigkeit zu verwechseln. Gleichwertigkeit von Mann und Frau ist im Österreich von heute und morgen selbstverständlich und uneingeschränkt zu bejahen. Daß dies gar nicht so selbstverständlich ist, wie wir heute annehmen, zeigt ein Blick ins Österreich des 19. Jahrhunderts, als Frauen kein Wahlrecht besaßen und ein Universitätsstudium von Frauen noch undenkbar gewesen wäre, oder ein Blick in viele andere Kulturen von heute (z. B. Indien oder den moslemischen Kulturkreis), in denen der Mann nach wie vor als höherwertig als die Frau angesehen wird. Aber auch in Österreich gibt es heute noch Situationen, in denen Gleichwertigkeit nicht erreicht ist. Folgendes Beispiel: Ehepaar mit Kindern, er im diplomatischen Dienst tätig, sie Dozent an der Universität Wien. Nun wird er als Botschafter in irgendein fernes Land versetzt. Wir würden es als »richtig« ansehen, daß sie ihre akademische Karriere aufgibt, um mit ihm zu ziehen. Vertauschen wir nun die Versetzung: Sie ist es, die eine Professur, sagen wir in Kiel, angeboten erhält. Wie würden wir urteilen? Oder vertauschen wir die Berufe: Sie ist im diplomatischen Dienst, er Dozent an der Universität, und spielen wir wieder beide Varianten durch – sie wird als Botschafter ins ferne Ausland versetzt, oder er bekommt eine Professur in Kiel angeboten. Mit Betroffenheit stellen wir fest, daß von einer Gleichwertigkeit der Beurteilung der Rolle von Mann und Frau auch heute bei uns noch nicht allgemein gesprochen werden kann.

Erst nachdem ich dies festgehalten habe, nachdem ich mich voll und ganz für eine Gleichwertigkeit von Mann und Frau ausgesprochen habe, wage ich aus dem Unterschied zwischen Gleichwertigkeit und Gleichartigkeit Schlußfolgerungen zu ziehen.

Wie schon in mehreren Abschnitten festgestellt, beruht das Funktionieren einer menschlichen Gesellschaft auf Rollenteilung. Dasselbe gilt für die Familie. So wenig sinnvoll es erscheint, Fremdsprachenkorrespondent, Konzertpianist und Herzchirurg rotieren zu lassen, so wenig zielführend wäre es, wenn in einer Familie jede Aufgabe, vom Broterwerb bis zum Tischdecken, zu genau je 50 Prozent zwischen Mann und Frau aufgeteilt würde: Habe ich drei Paar Schuhe geputzt, mußt jetzt du drei Paar Schuhe putzen, habe ich dreimal den Wagen gewaschen, mußt die nächsten dreimal du den Wagen waschen. Welche Aufgabenteilung auch immer vorgenommen wird: Entscheidend ist, daß jeder Rolle dieselbe soziale Achtung zukommt. Der Konzertpianist ist nicht »mehr« und nicht »weniger« als der Herzchirurg; die Rolle des Vaters ist nicht »mehr« und nicht »weniger« als die Rolle der Mutter, gleichgültig, wie die Aufgaben der Familienführung im einzelnen Fall aufgeteilt sind.

Hier liegt der zweite Irrtum der Emanzipationsbestrebungen: Die Rolle des Broterwerbs wird, stillschweigend oder ausgesprochen, als höherwertig eingestuft als die Rolle der Kindererziehung und der Haushaltsführung. Etwa in der Bundesrepublik Deutschland ist der soziale Druck, daß eine Frau nur dann etwas gilt, wenn sie einem Beruf nachgeht, noch viel stärker ausgeprägt als bei uns.

Rückblickend kann mit Fug und Recht gesagt werden, daß die Emanzipation dem weiblichen Geschlecht per saldo ungleich mehr Nachteile als Vorteile gebracht hat: Die Frau wurde, was sie früher im allgemeinen nicht war, auch berufstätig, daneben aber blieben Kindererziehung und Haushaltsführung doch zum überwiegenden Teil an ihr hängen. Damit hat sich das weibliche Geschlecht in Streß-Situationen hineinmanövriert, wie sie früher nicht bestanden. Es ist bezeichnend, daß der Anteil der Raucher unter Männern seit längerem rückläufig ist, unter Frauen hingegen eher zunimmt.

»Eben«, höre ich schon, »die faulen Männer müssen mehr im Haushalt zugreifen!«
Ist das wirklich der Weg, wie alle miteinander am glücklichsten werden, Mann, Frau und Kinder?
E. F. Schumacher, der vielzitierte Autor von »Small is beautiful«, hat in einem herrlichen Aufsatz mit dem Titel »Buddhistische Ökonomie« geschrieben: »Frauen benötigen im allgemeinen keine ›äußere‹ Stellung« (im englischen Original: »Women, on the whole, do not need an outside job«).

Dieser Satz bedarf einer genaueren Analyse.
Zunächst: Kinder werden um so glücklicher heranwachsen, je mehr Aufmerksamkeit ihnen ihre Eltern zukommen lassen. Wenn nur ein Elternteil berufstätig ist, wird sich dies nicht nur auf die Kinder, sondern auf das gesamte Familienleben, also auch auf Vater und Mutter, positiv auswirken. Vergleichen Sie, lieber Leser, jene Familien Ihres Bekanntenkreises, in denen nur ein Elternteil berufstätig ist, mit jenen Familien, in denen beide Elternteile berufstätig sind, und vergleichen Sie die Lebensführung der Mitglieder des einen Familientypus mit jener der Mitglieder des anderen Typus. Ich habe ausdrücklich gesagt: »Nur ein Elternteil«, nicht: »Der Mann«. Ich bekenne mich zur prinzipiellen Gleichwertigkeit. Sollte sich in einem gegebenen Fall eher die Frau zur Berufstätigkeit eignen, der Mann jedoch zum »Hausmann«, so sollte diese Konstellation genauso sozial akzeptabel sein (und sozialrechtlich genauso abgesichert) wie die weit häufigere, umgekehrte Konstellation. Daß, wenn nur ein Ehepartner berufstätig ist, dies meist der Mann ist, liegt nicht nur in unserer Tradition begründet, sondern hat auch sehr wohl mit den eingangs erwähnten objektiven Unterschieden zwischen Mann und Frau zu tun: Rein biologisch gesehen, ist die Frau zur Kindererziehung ungleich besser geeignet als der Mann; schon durch das Gebären und das Stillen des Säuglings ist eine naturgewollte engere Beziehung zur Mutter gegeben. Selbst wenn in Österreich wirklich vollkommen gleiche Chancen für die Berufstätigkeit von Mann und Frau bestünden, würde ich es mir dennoch im Interesse der Kinder wünschen, daß diese stärker von ihrer Mutter als von ihrem Vater aufgezogen werden.
Vom Standpunkt der »buddhistischen Ökonomie« aus ist es also unökonomisch, mehr Zeit für Erwerbsarbeit zu verwenden, als für die Lebens-

führung der Familie erforderlich ist. Österreich ist, in sozialer Hinsicht, demnach sicher nicht besser dran, wenn alle Väter *und* Mütter berufstätig sind und ihre Kinder an Kinderkrippen und Ganztagsschulen abschieben. Zweitens aber fügt Schumacher ausdrücklich »im allgemeinen« hinzu. Er schließt also keineswegs aus, daß für Frauen, die keine Kinder zu betreuen haben, die Berufstätigkeit durchaus erwünscht sein kann, ja, erwünscht ist! Berufstätigkeit hat nicht nur den Aspekt des leidigen Broterwerbs, sondern bedeutet viel mehr – Selbsterfüllung und Mitwirkung in einer Gemeinschaft. Hierauf wird noch in einem der folgenden Abschnitte zurückzukommen sein. Und wenn eine Frau einen schönen, sie voll befriedigenden Beruf ausübt, so stellt es zweifellos ein namhaftes Opfer dar, zugunsten der Kinder auf die Ausübung dieses Berufes zeitweise oder für immer zu verzichten. Das ist keine leere Phrase: Sich tagtäglich, von früh bis spät, ohne »Feierabend«, ohne »Urlaubsanspruch«, um Kinder zu bemühen, auch wenn es die eigenen sind und auch wenn man sie noch so lieb hat, ist eine Belastung, wie sie keine »äußere Stellung« mit sich bringt. Auch ist man ständig der Gebende: Wie viele intelligente Mütter sagen, daß sie die Empfindung haben, in den Jahren der Kindererziehung langsam zu verdummen. Schon aus diesem Grunde muß der die »äußere Stellung« wahrnehmende Ehepartner, in der Praxis also meist der Mann, bemüht sein, den die Hauptarbeit der Kindererziehung tragenden Partner bestmöglich zu entlasten, ihm einerseits Arbeit abzunehmen, andererseits aber auch Entspannung *und* geistige Anregung zu ermöglichen.

Worum es also geht, ist, eine den jeweiligen Familienverhältnissen und persönlichen Fähigkeiten von Vater und Mutter angemessene individuelle Arbeitsteilung vorzusehen, deren Hauptmerkmal darin bestehen muß, daß beide Ehepartner als gleichwertig anzusehen sind. Ganz falsch wäre es, würde der berufstätige Partner den Nichtberufstätigen spüren lassen, er sei der eigentliche Erhalter der Familie, während der andere Teil »nur« das Schwergewicht von Kindererziehung und Haushaltsführung trage. Ganz im Gegenteil: Für die soziale Stabilität Österreichs wird es wichtiger sein, ob die nächste Generation in Nestwärme herangewachsen ist, als ob sie in ihrer Kindheit mehr mechanisches Spielzeug geschenkt bekommen hat und die Eltern ein größeres Auto kaufen konnten. Wir sollten also dem Schumacher'schen Begriff »äußere Stellung« eine »innere Stellung« zur Seite stellen, die »innere Stellung« der Familienarbeit, die sozial eigentlich höherwertig als die äußere Stellung beurteilt werden müßte.

Dies sollte sich auch in der Sozialgesetzgebung niederschlagen: Die Tätigkeit eines Elternteiles (Frau oder Mann) in der Kindererziehung müßte als gleichwertig einer »äußeren Stellung« angesehen werden, diese Zeit also für die spätere Pensionsfestsetzung anrechenbar sein. Dies wäre ein weit wichtigerer Schritt in Richtung Gleichberechtigung von Mann und Frau als das Streben nach einer möglichst hohen weiblichen Beschäftigungsrate (in »äußerer« Stellung).

Diese Gleichwertigkeit, ja, Höherwertigkeit der »inneren« gegenüber der »äußeren« Stellung müßte auch im täglichen Leben zum Ausdruck kommen, z. B. in der Finanzgebarung des Haushalts. Sonderbarerweise gibt es kaum zwei Familien, in denen die Verwaltung der Finanzen in gleicher Weise erfolgt; praktisch in jeder Familie ist das Finanzsystem anders geregelt. Sicher, die Charaktere sind verschieden; es gibt Männer und es gibt Frauen, die eine leichte Hand beim Geldausgeben haben, so daß der jeweils andere Teil darauf schauen muß, die Finanzen »zusammenzuhalten«. Unter normalen Umständen halte ich es jedoch für entwürdigend, wenn der verdienende Partner, meist also der Mann, den nichtverdienenden Partner zu kleinlichen Verrechnungen zwingt. Wenn für jeden Schilling Rechnung gelegt werden muß, dann wird dadurch nicht nur ein (abzulehnendes) Abhängigkeitsverhältnis dokumentiert, sondern dann fordert dies geradezu einen (anfangs kleinen, später vielleicht immer größeren) Schwindel heraus, um Teilbeträge abzuzweigen, mit denen man sich einmal einen Kaffee leistet, einmal neue Unterwäsche, später dann vielleicht sogar ein geheimes Sparbuch, alles Dinge, von denen der Partner nichts erfährt. Der dadurch entstehende Schaden im Vertrauensverhältnis geht weit über den finanziellen Bereich hinaus. Unter halbwegs normal veranlagten Ehepartnern ist vielmehr volles gegenseitiges Vertrauen, volle Offenheit in finanziellen Dingen am Platze. Der verdienende Teil soll gar nicht wissen wollen, ob der nichtverdienende Teil ein paar Schilling mehr für griffiges Mehl oder für einen kleinen Braunen ausgegeben hat. Es gilt sogar der Umkehrschluß: Je mehr Freiheit, je mehr Selbstverantwortung der nichtverdienende Teil hinsichtlich der Ausgabenstruktur genießt, um so eher wird er bemüht sein, gut zu wirtschaften, überflüssige Ausgaben zu vermeiden.
Bedeutet alles bisher in diesem Abschnitt Gesagte nun eine Verherrlichung der »guten« alten Zeiten, in denen die Frau auf die berühmten drei

oder vier K reduziert war (Küche, Keller, Kinder, Kirche)? Keineswegs. Es bedeutet vielmehr ein Vorwärts in eine gesündere Zukunft, die Mann und Frau, insbesondere aber der Frau, mehr Wahlfreiheit als heute einräumt. In der Sozialgesetzgebung sollte daher jene Entwicklung konsequent fortgesetzt werden, die heute schon eingeleitet ist, eine Entwicklung, die dieser Wahlfreiheit durch zunehmende Flexibilisierung entgegenkommt. Insbesondere sollte auch die Möglichkeit zu Teilzeitbeschäftigung jedweden Ausmaßes stark gefördert und erleichtert werden. Gerade in vielen öffentlichen Diensten, im Verkehrswesen, bei der Post, wäre es leicht möglich, Teilzeitarbeitsplätze vorzusehen.

In diesem Sinne könnte ich mir, im Österreich von morgen, den durchschnittlichen Normalverlauf eines Lebens von Mann und Frau etwa wie folgt vorstellen:

Nach Abschluß der Schulbildung sind Mann und Frau berufstätig. Sie lernen einander kennen; sie heiraten; sie setzen ihre (volle) Berufstätigkeit fort, bis ein Kind zur Welt kommt. Die anschließende Karenzzeit ist schon längst geltendes Recht; anschließend an die Karenzzeit könnten sich die Eltern entschließen, daß ein Teil von ihnen auf Berufstätigkeit verzichtet, um sich voll der Kindererziehung zu widmen. Sobald die Kinder das Schulalter erreicht haben, nimmt der betreffende Elternteil eine Halbtagstätigkeit (Vormittagsposten) an; zehn oder fünfzehn Jahre später, wenn die Kinder aus dem Haus sind, arbeitet dieser Elternteil, wenn er es wünscht, wieder voll.

Wenn mir entgegengehalten wird, dies sei schon deshalb unmöglich, weil in einer jungen Ehe ein Einkommen allein vielfach nicht ausreicht, um die Familie zu erhalten, so ist dazu zweierlei zu sagen. Erstens müßte unsere Sozialgesetzgebung kinderfreundlicher gestaltet werden, etwa durch eine fühlbare Erhöhung der Kinderbeihilfe. Zweitens aber hielte ich eine Flexibilisierung der Arbeitszeit auch nach oben für zweckmäßig. Wenn heute schon nicht nur Künstler, Wissenschaftler und sehr viele selbständig Erwerbstätige 60 und mehr Wochenstunden arbeiten, ohne daß irgendeine Gewerkschaft dagegen Einspruch erheben würde, sollte es auch zulässig sein, daß das junge, noch kinderlose Ehepaar ebenfalls (beispielsweise) 50 Wochenstunden arbeitet, um sich für die Zeit, in der dann Kinder zu betreuen sein werden, etwas zurückzulegen. Ja, vielleicht geht auch derjenige Elternteil, der dann berufstätig bleibt, von 50 Wochenstunden auf 36 zurück, um an der Kindererziehung nicht nur teilzuhaben, sondern sich am Umgang mit den eigenen Kindern stärker erfreuen zu können. Es muß in Österreich nicht unbedingt immer der Ruf nach mehr Staat ertönen; auch weniger Staat, weniger Reglementierung unseres Lebens durch Gesetzgebung und Kollektivverträge kann sich als segensreich erweisen.

Nochmals zurück zur Gleichberechtigung der Frauen. Zu wenig wird erkannt, daß das (berechtigte) Anliegen der Gleichberechtigung in Widerspruch zu anderen Grundrechten geraten kann. So laufen Frauenrechtlerinnen dagegen Sturm, daß es reine Männerklubs gibt. Hier geraten wir in Konflikt mit der Vereins- und Versammlungsfreiheit. Meinem Verständnis von »Freiheit« entspricht es eher, wenn Frauen selbstverständlich reine Frauenvereine gründen dürfen, wenn sie dies wollen, dann aber auch Männern das Recht zugestehen müssen, reine Männervereine zu betreiben.
Auch quittiere ich es mit Schmunzeln, wenn jene Sprecherinnen der Frauen, die stets lautstark für Gleichberechtigung eintreten, plötzlich von Gleichberechtigung nichts mehr wissen wollen, wo es um weibliche Vorrechte geht, etwa in der Pensionsgesetzgebung. Der derzeitigen Rechtslage in Österreich zufolge kann eine Frau, bei ansonsten gleichen Bedingungen, um fünf Jahre früher in Pension gehen als ein Mann; da die Lebenserwartung der Frauen in Österreich um etwa sieben Jahre höher liegt als die der Männer, bezieht eine Frau also im Durchschnitt um zwölf Jahre länger ihre Pension, für die sie aber um fünf Jahre weniger lang eingezahlt hat. An diesem Vorrecht dürfe nicht gerüttelt werden; denn »die Frau hat ja eine Doppelbelastung durch Beruf und Haushalt zu tragen«, heißt es.

Einverstanden. Ziehen wir die Gleichberechtigung durch, indem wir diese Doppelbelastung explizit in Rechnung setzen. Jede Frau, die nachweislich diese Doppelbelastung getragen hat, möge dafür ein gegenüber dem Mann entsprechend vorverlegtes Pensionsanfallsalter in Anspruch nehmen dürfen, etwa: bei einem Kind zwei Jahre, bei zwei Kindern vier Jahre, bei drei und mehr Kindern die gegenwärtig allgemein gewährten fünf Jahre. Wo bleibt aber die Gleichberechtigung, wenn die kinderlose Arbeiterin oder Angestellte um fünf Jahre früher in Pension gehen kann als ihr männlicher Kollege, ob kinderlos oder nicht? Vielleicht hatte gerade er eine Doppelbelastung zu tragen! Selbst bei gleichem Pensionsanfallsalter würde sie ja ohnehin (aufgrund der unterschiedlichen Lebenserwartung) ihre Pension im Durchschnitt um sieben Jahre länger beziehen, bliebe also immer noch deutlich bevorrechtet. Durch die generelle Zunahme der Lebenserwartung wird in Österreich die Pensionslast in den kommenden Jahren und Jahrzehnten weit überproportional steigen; im Rahmen einer umfassenden Pensionsreform läge es also im wohlverstandenen Interesse der Erwerbstätigen von morgen, Männer und Frauen, die diese Last zu tragen haben werden, ein bißchen mehr wirkliche Gleichberechtigung zu erreichen.

7 Liebe und Ehe

Freundschaft, Liebe, Sex und Ehe sind vier verschiedene Begriffe; viel Leid und Tränen könnten vermieden werden, würden diese Begriffe nicht immer wieder durcheinandergebracht. Jede Ehescheidung wirkt sozial destabilisierend, sollte daher reiflich überlegt werden. Das beste Rezept für eine glückliche Ehe: Jeder der beiden Partner gibt nicht 50 Prozent nach, sondern 60 Prozent. Dann gibt es eine gemeinsame Basis.

Die Wichtigkeit der optimalen Arbeitsteilung zwischen Mann und Frau kann nicht hoch genug eingeschätzt werden. In den seinerzeitigen Agrargesellschaften waren die Ehen keineswegs im Himmel geschlossen, sondern von den Eltern beschlossen worden; »Liebe« war nicht gefragt. Dennoch erwiesen sich diese Ehen als sehr stabil: Die Arbeitsteilung zwischen Bauer und Bäuerin stand fest, beide waren im Tages- und Jahresablauf vollbeschäftigt; damit war – ein bißchen überspitzt formuliert – gar kein Freiraum gegeben, innerhalb dessen man sich hätte auseinanderleben können.

Diese Zeiten sind vorbei; heute besteht eine Ehe nicht nur aus ständiger, aufeinander abgestimmter Arbeit. Heute werden, zumindest in einem Lande wie Österreich, doch die meisten Ehen »aus Liebe« geschlossen; davon sind wir überzeugt.

Stimmt das wirklich?

Einer meiner Aphorismen, bisher unveröffentlicht, lautet: Freundschaft, Liebe, Sex und Ehe sind vier verschiedene Begriffe, und viel Leid und Tränen könnten vermieden werden, würden diese Begriffe nicht immer wieder durcheinandergebracht.

Wie viele Ehen werden doch vornehmlich aufgrund einer sexuellen Attraktion geschlossen, die fälschlicherweise für Liebe gehalten wird! Mit einem Partner aber lebenslänglich, d. h. mehrere Jahrzehnte hindurch, eine Ehe führen zu wollen, erfordert weit mehr an Gemeinsamkeit. Es ist offenkundig, daß mit zunehmender Ehedauer die nicht-sexuellen Aspekte eines gegenseitigen Verständnisses an relativer Bedeutung gewinnen. Es hat daher sehr viel für sich, wenn Angehörige derselben gesellschaftlichen Schicht jeweils am besten innerhalb desselben Milieus ihre Ehepartner suchen. Grundunterschiede in der Einstellung, in der Denkweise, im Verhalten, in den Interessen, über die man zwischen Partnern aus unterschiedlichen Milieus in der ersten Verliebtheit hinwegzusehen trachtet, werden im Laufe der Jahre immer stärker bewußt und machen sich immer störender bemerkbar. Wenn Ehen zwischen sehr unterschiedlichen Partnern

glücklich werden, dann meist nur dadurch, daß sich ein Partner dem anderen vollständig unterordnet, wie z. B. bei Erzherzog Johann und Anna Plochl, oder aber, indem jeder der beiden Partner sein eigenes Leben lebt.
Liebe und Ehe: Meine Mutter hat mir erzählt, daß in den wirtschaftlich schweren Jahren der Depressionszeit in den jüdischen Familien des gehobenen Mittelstandes (Rechtsanwälte, Ärzte) in Wien die Söhne mit möglichst zänkischen Frauen verheiratet wurden, um sie dadurch zu veranlassen, in ihrem Beruf besondere Leistungen zu erbringen.
Jedes länger währende Miteinander zweier Menschen, daher insbesondere jede Ehe, ist ohnehin einem Abstumpfungsprozeß unterworfen. Wie in einem der nächsten Abschnitte noch ausführlich dargelegt werden wird, strebt der Mensch einerseits nach Bequemlichkeit, andererseits nach Anregung durch Abwechslung. Nimmt die Anregung durch Abwechslung in einer Ehe im Laufe der Zeit ab, so steigt die Möglichkeit, daß sich zumindest einer der Partner die Anregung außerhalb der Ehe sucht. Dies muß nicht ein anderer Partner sein; vielfach ist es ein Verein, der Fußballplatz, irgend etwas, was einen Ersatz für das darstellt, was innerhalb der Ehe nicht mehr gefunden wird. Der große französische Lebensphilosoph Brillat-Savarin, zu Unrecht vornehmlich als Feinschmecker bekannt, empfiehlt daher allen Eheleuten, immer wieder gemeinsam zu kochen. Da gibt es immer etwas Neues auszuprobieren, darüber zu diskutieren, es weiter zu entwickeln, und es ist in allen Phasen auch eines länger dauernden Ehelebens für Abwechslung *und* Gemeinsamkeit gesorgt.
Lieber Leser: Es muß ja nicht das Kochen sein; aber wenn Sie gewillt sind, Ihre Ehe mit Ihrem Partner noch viele Jahre hindurch glücklich fortzusetzen, sollten Sie wirklich darüber nachdenken, in welcher Weise *Sie* Abwechslung *und* Gemeinsamkeit systematisch verwirklichen können. Ein mir bekanntes Ehepaar hat immer schon gerne gemeinsam Ausflüge unternommen; nun, in der Pension, genießen sie die herrlichsten Wanderungen.
Es hat seinen tiefen Sinn, wenn Ehen nicht nur vor dem Standesamt, sondern auch vor einem Priester geschlossen werden. Es handelt sich ja um weit mehr als um einen Formalakt, vergleichbar dem Kauf eines Grundstückes; es handelt sich um ein sehr weitgehendes und tiefgehendes Versprechen. Nach katholischer Lehre spendet nicht der Priester das Sakrament der Ehe, sondern die beiden Eheleute spenden es einander!

Dieses Versprechen geht über die bloße äußere Einhaltung der »ehelichen Treue« weit hinaus; es ist eine den ganzen Menschen erfassende Verpflichtungserklärung, sein Leben auf den Partner auszurichten. Manche Ehen sind trotz eines Seitensprunges oder einer durch einen Dritten ausgelösten Krise besonders glücklich, trotz (oder vielleicht gerade aufgrund) der überwundenen Krise; auf der anderen Seite gibt es Ehen, in denen keiner der beiden Partner je vom Pfade der Tugend abgewichen ist und die Eheleute einander in späteren Jahren nur noch mit verkniffenem Gesicht gegenübersitzen. Eheliche Treue ist kein Besitzrecht, auf das man zu pochen hat; eheliche Treue sollte nicht die Ursache, sondern sollte das Resultat der Liebe sein, die die beiden Ehepartner einander entgegenbringen.

Mit dem, was ich nun sage, wird die katholische Kirche nicht einverstanden sein, aber ich sage es dennoch: Es hat demnach durchaus seinen Sinn, wenn junge Leute heutzutage vielfach zunächst eine eheartige Gemeinschaft eingehen, ohne diese aber formell geschlossen zu haben. Bewährt sich die Gemeinschaft, so wird der Formalakt dann irgendwann nachgeholt; bewährt sie sich nicht, dann wird jeder der beiden eine anschließende zweite Bindung ungleich gereifter eingehen. Übrigens ist dies in unserem Lande eigentlich gar nichts Neues: In bäuerlichen Gebieten Kärntens war es allgemein üblich, daß Jungbauer und Jungbäuerin zunächst einmal ein, zwei Kinder bekamen, ehe sie die Ehe schlossen und den Hof übernahmen; damit war für eine spätere Erbfolge besser vorgesorgt. Es handelte sich also damals wie heute vielfach nicht um uneheliche oder außereheliche, sondern einfach um voreheliche Kinder.

In diesem Zusammenhang kommen wir zu einem heiklen Thema, vor dem ich nicht zurückschrecke: der Ehescheidung. In Österreich wird derzeit jede dritte Ehe geschieden; die Tendenz ist eher steigend.

Zunächst läßt sich manches zugunsten der Möglichkeit einer Ehescheidung sagen (die es in dieser Form in Österreich vor 1938 nicht gab): Man hatte zu früh, zu unüberlegt geheiratet; man war zu spät draufgekommen, den falschen Partner erwischt zu haben; bevor beide ihr Leben lang leiden, soll doch besser jedem eine neue Chance eingeräumt werden.

In der Tat gibt es Beispiele, in denen dies zutrifft. Eines davon, aus meiner unmittelbaren Anschauung, sei geschildert: Braut und Bräutigam aus demselben Milieu, Traumpaar, Traumhochzeit, die Charaktere allerdings verschieden: Sie strikt und entschieden, er weltoffen. Zwei Kinder kommen zur Welt. Er lernt eine andere Frau kennen, die ebenfalls in einer milieugerechten Ehe lebt, Mutter zweier Kinder. Nach reiflicher Überlegung verlassen beide ihre Partner, heiraten, haben dann später auch ein gemeinsames Kind. Dies liegt nun schon über vierzig Jahre zurück; die beiden sind heute weit über achtzig Jahre alt, und ihre zweite Ehe wurde eine der glücklichsten, die ich kenne. Die vier Kinder aus den ersten Ehen und die beiden zurückgelassenen Partner haben den Schlag aber nie verwunden, letztere übrigens auch nicht wieder geheiratet.

Aus diesem Beispiel geht hervor, daß es sich bei der Ehescheidung um einen Konflikt zwischen individuellem und sozialem Wohl handelt. Es sei gar nicht bestritten, daß es Fälle gibt, in denen die Ehescheidung das individuelle Wohl einzelner Beteiligter erhöht, allerdings meist auf Kosten des individuellen Wohls anderer Beteiligter. Würde aber die Ehescheidung quasi zur Norm, gibt es keine einer Familie gegenüber einzuhaltende Verantwortung mehr, so muß sich dies auf ein Volk sozial destabilisierend auswirken. Umgekehrt gesagt: Wenn mit dem Instrument der Ehescheidung weniger leichtfertig umgegangen wird, ist dies der sozialen Stabilität eines Volkes förderlich.

Blicken wir daher ruhig auf den Normalfall, bei dem es zu einer Ehescheidung kommen kann: Man führt eine durchschnittlich gute Ehe, es sind Kinder da, und alles nimmt seinen geregelten, vielleicht ein wenig eintönig gewordenen Verlauf. Bei irgendeiner Gelegenheit – meist einer Ausnahmesituation, etwa einem Betriebsausflug – kommt man neben jemandem zu sitzen, in übermütiger Stimmung beginnt ein kleiner Flirt, dann springt der berühmte Funke über. Das Unbekannte, das Außergewöhnliche läßt den Funken zur Flamme werden. Man trifft sich, hat ein Erlebnis, das schon deshalb so stark empfunden wird, weil es unter die Kategorie »Abwechslung« fällt, man trifft sich wieder und wieder und beginnt sich einzubilden, endlich den idealen Partner gefunden zu haben, auf den man eigentlich sein Leben lang gewartet hat.

Nun gibt es zwei Möglichkeiten: Sie entschließen sich, das Wohl Ihrer Kinder über Ihr eigenes zu stellen und die neue Beziehung, schweren Herzens, im Gefühl, damit Ihr eigenes Lebensglück zu opfern, wieder abzubrechen. Oder Sie erwägen ernsthaft, sich scheiden zu lassen, um die neue Beziehung auf Dauer einzugehen. In beiden Fällen sollten Sie sich genau prüfen:

1. Es kann sein, daß Sie einer Fehleinschätzung Ihrer derzeitigen Ehe unterliegen. Haben Sie sich ausreichend bemüht, Ihr Ehe- und Familienleben erfreulich, lebendig und abwechslungsreich zu gestalten?
Nehmen wir an, dies ist der Fall; dennoch habe Ihr Partner seit Jahren nur noch harte, unfreundliche Worte für Sie gefunden und es an einer Erwiderung Ihrer Zuneigung fehlen lassen. Wäre es in diesem Fall nicht denkbar, daß die Unfreundlichkeit Ihres Partners einfach jahrelange Überforderung durch Beruf, Haushalt und Kinder war?
Zwischen zwei Menschen ist nur *ein* Interessenausgleich nötig; zwischen drei Personen, also zum Beispiel Vater, Mutter und einem Kind, sind schon drei paarweise Spannungen sowie eine Dreierspannung, insgesamt also vier Spannungen, auszugleichen; bei vier Personen sind es schon sechs paarweise Spannungen, die auszugleichen sind. Dies merkt man deutlich auf einer Urlaubsfahrt mit Ehepartner und zwei heranwachsenden Kindern. Bevor Sie einer Fehlbeurteilung zum Opfer fallen: Haben Sie den Mut, Ihrem Ehepartner leichten Sinnes vorzuschlagen: Fahren wir doch, nur wir zwei, auf ein verlängertes Wochenende irgendwohin weg. Wenn es Ihnen wirklich darum zu tun ist, sich selbst gründlich zu überprüfen, so läßt sich auch ein Weg finden, die Kinder während dieser paar Tage versorgt zu wissen. Sie werden erstaunt sein, wie friedlich Ihr Partner mit einem Male sein kann, wie gut Sie sich mit ihm verstehen, fast wie zu Beginn Ihrer Ehe, bevor die Kinder kamen. Und versuchen Sie vor der Heimfahrt in einem klärenden Gespräch Maßnahmen zu überlegen, durch die die im Alltag verlorengegangene Harmonie wiederhergestellt werden könnte.
2. Es kann sein, daß Sie einer Fehleinschätzung des neuen Partners unterliegen. Sie haben den Partner bisher ja nur in Ausnahmesituationen, in Idealsituationen, kennengelernt. Versuchen Sie, sich bestmöglich vorzustellen, wie es wäre, wenn Ihr Ehepartner und Ihr neuer Partner vertauscht wären, wenn Sie mit der neuen Liaison bereits seit Jahren verheiratet wären und nun Ihren Ehepartner unter der neuen Ausnahmesituation kennengelernt hätten. Vergegenwärtigen Sie sich alle häuslichen Kümmernisse, vom Ärger mit den Kindern bis zur Krankenpflege, und überprüfen Sie ernsthaft, ob alle anderen Voraussetzungen einer vieljährigen Gemeinsamkeit, außer der augenblicklichen sexuellen Attraktion, mit dem neuen Partner besser gewährleistet wären. Unter Umständen genügt schon dieses Gedankenexperiment, um zu erkennen, daß der neue Partner, bei al-

ler momentanen Faszination, für eine vieljährige Bindung doch weniger geeignet ist als der Partner, mit dem Sie ohnehin schon verheiratet sind.
3. Es kann sein, daß Sie einer Fehleinschätzung des zu erwartenden Ehelebens mit dem neuen Partner unterliegen. Einer der häufigsten Fälle von Ehescheidungen ist der, daß sich ein Mann mit vollem Einsatz zu einer Führungsposition hinaufgearbeitet hat und gar nicht gemerkt hat, wie sehr er dabei Frau und Kinder seelisch vernachlässigt hatte, sodaß eigentlich er es war, der sich seiner Frau entfremdet hat. Nun ist er zwischen vierzig und fünfzig, Direktor, und seine um gut zwanzig Jahre jüngere Sekretärin ist voll auf ihn eingespielt. Welche Harmonie! Das ist die Frau meines Lebens! Aber auch sie blickt zu ihm, dem Halbgott in den besten Jahren, auf. Seine Ehe wird geschieden, die beiden heiraten; ein paar Jahre lang geht alles wunderbar. Dann kommt die Zeit, in der er beim Schifahren nicht mehr so recht mit ihr mitkommt; irgendein lästiges Leiden tritt auf. Aus dem Halbgott wird ein mürrischer Frühpensionist. Es kommt der Zeitpunkt, ab dem sie allein auf Urlaub geht. Spätestens ab diesem Zeitpunkt ist in dieser Ehe weit weniger Gemeinsamkeit gegeben, als wenn er gleich bei seiner ersten Frau geblieben und mit ihr gemeinsam älter geworden wäre. Aber auch die zweite Frau erkennt, daß sie wahrscheinlich einen passenderen Ehepartner hätte finden können. Die zweite Ehe bleibt vielfach nur deshalb formell aufrecht, um vor der Welt nicht zugeben zu müssen, falsch entschieden zu haben.
Es sei nicht verallgemeinert. Es gibt Ausnahmen, sehr glückliche, lang dauernde Beziehungen zwischen zwei Partnern sehr unterschiedlichen Alters. Aber ob ein solcher Ausnahmefall oder aber der Normalfall gegeben ist, verrät meist schon ein Blick in das harte Gesicht der inzwischen schon über vierzig Jahre alt gewordenen Frau in einer solchen zweiten Ehe.
Gerechterweise sei festgehalten, daß sich in den letzten Jahren die Fälle häufen, in denen auch umgekehrt erfolgreiche Frauen ihre Männer stehenlassen, oft samt den Kindern, um sich einem jüngeren Partner zuzuwenden; dann gilt dasselbe mit umgekehrten Vorzeichen, nur mit dem Unterschied, daß auch die Zweitehe meist nicht von langer Dauer ist.

Haben Sie all dies reiflich erwogen, so werden Sie im ersten der beiden eingangs genannten Fälle leichteren Herzens den Zwischenabschnitt Ihres Lebens zu einem korrekten Abschluß bringen, ohne sich fortan als Märtyrer zu fühlen, im zweiten Fall aber zumindest eine fundiertere Basis für

eine Entscheidung gefunden haben, die sicher eine der schwerwiegendsten Ihres Lebens darstellt.
Nur um eventuellen Mißverständnissen vorzubeugen: Ganz anders ist es bei Zweitehen, die nach dem Tode eines Partners geschlossen werden. Diese sind oft weit harmonischer als es die Erstehe war. Beide Partner sind reifer; materielle und Kinderprobleme zehren nicht mehr an den Nerven.

Diesen Abschnitt über Liebe und Ehe möchte ich mit dem Ratschlag schließen, den mir der Vater meiner amerikanischen Gastfamilie, ein großartiger Mensch, der bis zu seinem Tode im hohen Alter ein vorbildliches, von Liebe und Fröhlichkeit erfülltes Familienleben geführt hat, gegeben hat: Das beste Rezept für eine glückliche Ehe besteht darin, daß jeder der beiden Partner 60 Prozent nachgibt. Bei 50 Prozent gibt's noch keine gemeinsame Basis. Erst bei 60 Prozent sind Sie wirklich mit Ihrem Ehepartner vereint.

8 Gesundheit

Unsere Gesundheit ist heute durch viele Faktoren gefährdet. Dennoch wäre es falsch, die Verantwortung für unsere Gesundheit abzuschieben, im Arzt den bloßen Gesundheitsmechaniker zu sehen, der unser Werkel Mensch wieder in Ordnung zu bringen hat, wenn wir es fahrlässig geschädigt haben. Das Umdenken in Österreich hat bereits eingesetzt, sowohl individuell wie institutionell.

Sie haben eine Anzahl Jausengäste bei sich. Man setzt sich zu Tisch; Sie schenken jedem Gast eine Tasse Kaffee oder Tee ein. Da erhebt sich einer der Gäste, zieht ein Säckchen aus der Tasche und gibt in jede Tasse eine Messerspitze voll vom Inhalt des Säckchens. Auf die Frage, was das sei, antwortet er freundlich: »Gift! Ich gebe jedem von Ihnen ein bißchen Gift ins Getränk!« Auf die entsetzte Zusatzfrage, warum er dies tue, erwidert er ebenso freundlich: »Weil es mir Spaß macht!«
Eine erfundene Geschichte? Aber nein; Sie haben sie schon Hunderte Male erlebt. Nur nahm ihr Gast kein Säckchen aus der Tasche, sondern eine Zigarette, dann noch eine und wieder eine, und zwang Sie und alle anderen Gäste, den giftigen Rauch einzuatmen. Er hätte aber genausogut ein bißchen Gift aus einem Säckchen in jede Tasse geben können; es kommt auf dasselbe heraus.
Warum tolerieren wir eigentlich dieses Verhalten beim Säckchen Gift nicht, bei der Zigarette aber schon? Weil es ihm Freude macht? Vielleicht würde es einem anderen Gast Freude machen, jeden von uns ein bißchen mit einem spitzen Messer zu stechen – das wäre wahrscheinlich sogar weniger gesundheitsschädlich als das Passiv-Rauchen!
Die Antwort des Rauchers, wir vergiften uns ja auch bei dieser Jause mit Koffein oder Teein, vielleicht anschließend bei einem Gläschen Wein noch mit Alkohol, geht daneben. Mit diesen Giften vergiftet ja jeder nur sich selbst, aber niemanden anderen.

Vor 200 Jahren gab es einen Theologenstreit, der als Tutiorismus-Debatte bezeichnet wird. Darf der Mensch Gott versuchen, indem er eine gefährliche Bergwand durchklettert, und darf er Gott versuchen, indem er einen minder erfahrenen Bergsteiger ermuntert, mit ihm diese Wand zu durchklettern? Das Ergebnis des damaligen Gelehrtendisputs: Solange er sich nur selbst gefährdet, ist es seine Sache, dies vor Gott zu verantworten; andere jedoch durch sein Verhalten in Gefahr zu bringen, ist eindeutig Sünde.

Wagen wir doch, daraus die erforderlichen Konsequenzen zu ziehen. Haben Sie in Ihrer Wohnung beispielsweise einen kleinen, auf den Hinterhof gerichteten Klopfbalkon und beginnt sich einer ihrer Gäste eine Zigarette anzuzünden, sollten Sie den Mut haben, ihn höflich, aber bestimmt, in Ihr »Raucherzimmer«, d. h. den Klopfbalkon, zu verweisen. Hat er ausgeraucht, möge er wieder hereinkommen. Alle anderen Gäste werden Ihnen nur dankbar sein; nicht Sie sind der krumme Hund, sondern der Raucher, der Ihnen und Ihren Gästen eine von ihm verursachte und von ihm ausgehende Vergiftung zumutet. Der soziale Zwang, viel Alkohol zu konsumieren (»Aber so trink doch noch ein Glas!«), ist erfreulicherweise passé; nun sollte endlich auch mit dem sozialen Zwang zum Passiv-Rauchen Schluß gemacht werden.
Damit kommen wir zum Bergsteiger zurück, der zwar keinen anderen in Gefahr bringt, wohl aber sich selbst. Wie steht es um jene Gifte, die wir freiwillig zu uns nehmen – Alkohol, Koffein, Teein, auch Nikotin (soweit es das Selbst-Rauchen betrifft)?
Unsere Gesellschaft ist merkwürdig inkonsistent. Der Handel mit Drogen ist streng verboten; wir wissen von Mitmenschen, die an Drogen elend zugrunde gegangen sind. Zigaretten aber gibt es öffentlich in beliebigen Mengen zu kaufen. Erst kürzlich sind wieder zwei Menschen aus meiner näheren Umgebung, beide starke Raucher, elend an Lungenkrebs gestorben.
Bei den Zigaretten geht es ja um die Erhaltung der Arbeitsplätze in der Tabakindustrie; außerdem benötigt der Finanzminister dringend die Milliarden aus der Tabaksteuer. Wenn es immer und überall um die Erhaltung von Arbeitsplätzen geht, hätten wir in Österreich nie die Todesstrafe abschaffen dürfen, wodurch die Arbeitsplätze der Scharfrichter verlorengingen (der Vergleich ist gar nicht so weit hergeholt). Und was die Einkünfte des Staates aus der Tabaksteuer betrifft: Geben wir doch den Handel mit Heroin und allen anderen Drogen frei, bieten wir sie in jeder Tabaktrafik in beliebigen Mengen zum Verkauf an, entsprechend hoch besteuert, und der Staat kommt zu wunderbaren Mehreinnahmen!
Das heißt: Das Rauchen wird nicht durch die Tabaksteuer sinnvoll, sondern es wird nur ein Steuersystem als unsinnig entlarvt, das aus der gesundheitlichen Schädigung des Menschen Einnahmen erzielt.
Unsere Schizophrenie dem Rauchen gegenüber geht aber tiefer. Wie viele engagierte Grüne, die beredt die schädlichen Abgase der Industrie

anprangern, rauchen während ihrer Darlegungen das Zimmer so voll, daß die Luft in diesem Raum eine tausendmal höhere Schadstoffkonzentration aufweist als jene industriellen Emissionen, die sie als unzulässig bezeichnen. Fordert man sie auf, als ersten Schritt für eine bessere Luft das Rauchen einzustellen, bezeichnen sie diese Zumutung entrüstet als »Einschränkung der Freiheit des Individuums«.

Wir waren einmal mit einer Reisegesellschaft mit drei Autobussen eine Woche lang unterwegs. Bald bildete sich ein Nichtraucherbus, unmittelbar darauf ein zweiter. Wenn wir abends an unser Ziel gelangten, stiegen die im dritten Bus konzentrierten Raucher mit sehr grauen Gesichtern aus. Ob ihnen dies eine Lehre war?

Offenbar nein. Zwischen dem Suchtgift Nikotin auf der einen Seite, den Suchtgiften Alkohol, Koffein und Teein auf der anderen Seite besteht nämlich insoferne ein Unterschied, als es anscheinend am schwierigsten ist, der Nikotinsucht zu entsagen. Sicher, auch Alkoholismus ist ein Problem (in anderen Ländern noch viel mehr als in Österreich), aber wenn der Arzt jemandem rät, in Hinkunft das Rauchen zu meiden, oder rät, in Hinkunft dem Alkohol zu entsagen, ist das erste offenbar schwieriger zu befolgen als das zweite. Ich kannte einen starken Raucher, dem bereits ein Bein abgenommen worden war – er rauchte weiter, und vielleicht war es eine Gnade, daß er bei der Amputation des zweiten Beines verstarb.

Gegen ein, zwei Zigaretten am Tag ist sicherlich genausowenig einzuwenden wie gegen ein Gläschen Bier zum Mittagessen und/oder ein Gläschen Wein zum Nachtmahl. Beide Suchtgifte, Nikotin und Alkohol, verursachen aber, im Übermaß genossen, mehr volkswirtschaftliche, soziale und individuelle Schäden, als sie dem Finanzminister einbringen. Wie die internationale Erfahrung lehrt, helfen jedoch weder eine noch so hohe Besteuerung noch ein Verbot; im Gegenteil: Ist Alkohol besonders teuer, wird sein Genuß geradezu zum Statussymbol. In den USA hat es nie so viele Alkoholtote (und durch Methylalkohol Vergiftete) gegeben wie zur Zeit der Prohibition.

Auch in diesem Punkt sind wir also auf uns selbst angewiesen: Jeder von uns kann – und soll – in seinem Kreis dazu beitragen, Alkohol und Nikotin in jenen Grenzen zu halten, die nicht zu bleibenden Schäden führen.

Neben den rund 300 000 Alkoholikern in Österreich (und noch weit mehr Rauchern) sollten uns vor allem die rund 100 000 Medikamentensüchtigen zu denken geben. Jedes Schlafmittel, jedes Beruhigungsmittel und jedes

Aufputschmittel ist ein potentionelles Suchtgift. Präziser gesagt: Es gibt Menschen, die diese Mittel auch des öfteren einnehmen können, ohne danach süchtig zu werden, und es gibt Menschen, die dadurch in eine suchtgiftartige Abhängigkeit geraten können. Ist eine solche Gewöhnung bereits eingetreten, sollte unbedingt der Arzt, ja, vielleicht sogar der Psychiater zu Rate gezogen werden. Beginnt man gerade erst, derartige Medikamente immer wieder zu gebrauchen, schafft man es vielleicht noch selbst, rechtzeitig darüber nachzudenken, was man an seiner Lebensweise ändern könnte, um ohne diese Mittel auszukommen.

Allein durch eine vernünftigere Lebensweise hinsichtlich Ernährung und Schlaf können wir schon außerordentlich viel für unsere Gesundheit tun. In der Ernährung sind es nicht die gelegentlichen üppigen Festessen, durch die wir unsere Gesundheit gefährden, sondern die täglichen kleinen Sünden. Man braucht nicht auf eine bestimmte Extremdiät zu schwören, um zu erkennen, daß eine ausgewogene und mäßige Ernährung richtiger ist als eine einseitige und unmäßige. Mit einiger Verspätung hat die Biowelle auch Österreich erreicht: In immer mehr Haushalten gibt es Vollmehl statt Auszugsmehl, Müsli zum Frühstück und Käse mit Vollkornbrot zum Nachtmahl. Sind Sie gewohnt, im Laufe des Tages mehrmals eine Tasse Kaffee zu trinken, so versuchen Sie, mit weniger Zucker (oder ganz ohne) auszukommen, dafür mehr Milch zu nehmen (es summiert sich!).
Was den Schlaf betrifft, haben wir vergessen, daß der Mensch von der Natur her eigentlich auf den Tag-Nacht-Rhythmus konditioniert ist. Die Erfindung des künstlichen Lichtes ließ es zum Statussymbol einer Oberschicht werden, abends länger aufbleiben und morgens länger schlafen zu können; diesem Statussymbol früherer Zeiten entspricht unser Verhalten noch heute. Wir können uns dem heutigen Lebensrhythmus nicht entziehen; wir können aber doch für ausreichend Schlaf sorgen. Wenn wir, und unsere Kinder, täglich vom Wecker aus dem Schlaf gerissen werden müssen, dann haben wir zu wenig Schlaf gehabt, und dies muß sich gesundheitlich rächen. Versuchen wir daher systematisch, unsere Kinder – und uns selbst! – in der Regel so früh zu Bett zu bringen, daß wir auf natürliche Weise zur gewünschten Zeit aufwachen (zur Sicherheit können wir ja auch den Wecker stellen) – auch wenn dies den Verzicht auf eine bestimmte Fernsehsendung bedeutet. Noch besser, sehen wir morgens ein paar freie Minuten vor: Ein morgendliches Gebet (nicht heruntergehas-

pelte Formeln, sondern Minuten der Sammlung) hat nicht nur eine jenseitige, sondern auch eine durchaus irdische Bedeutung. Auch dem Gebet vor und nach dem Essen kommt eine physiologische Bedeutung zu: Wenn wir uns in Ruhe zu Tisch setzen, wenn wir das Mahl in Ruhe beenden, ist dies weit gesünder, als wenn wir rasch ein paar Bissen hinunterschlucken. Auch hier kann uns die Steinzeit einen Hinweis bieten, welche Lebensform sich dem Menschen Jahrtausende hindurch als adäquat erwies: War ein Wild erlegt, wurde groß gefeiert und gegessen, dann gab es wieder längere Zeit hindurch wenig Abwechslung. Das Erlegen des Wildes erforderte längeren Dauerlauf, dann eine (relativ kurze) Zeit höchster Anspannung und Anstrengung; zwischen den Jagden gab es aber lange Perioden der beschaulichen Muße. Angewandt auf die Gegenwart: Der menschliche Körper benötigt, um gesund zu bleiben, zwischen langen Perioden geringer Tätigkeit manchmal erhöhte Dauerbelastung (joggen, turnen) und außerdem kurze Perioden höchster Konzentration und Anspannung, in körperlicher wie in geistiger Hinsicht (intensive Turnübungen, Circle-Training). Jede Übertreibung wäre genauso falsch wie das völlige Vermeiden jeder Anstrengung.

Kurzzeitiger Streß – etwa die Konzentration eines Komponisten, das Schleppen einer eingekauften Kiste Mineralwasser – ist daher positiv zu beurteilen, Dauerstreß, z. B. stundenlange Autofahrten, negativ. Mehr noch: Die Umstellung unserer Lebensgewohnheiten würde genügen, uns künstliche Turnprogramme zu ersparen – wer gelegentlich eine Kiste schleppt, braucht keine dementsprechende Circle-Übung.

Oft wird darauf hingewiesen, daß in den letzten Jahrzehnten psychosomatische Krankheiten stark zugenommen haben: Wenn der Mensch mit psychischen oder Umwelt-Belastungen nicht fertig wird, flüchtet er in die Krankheit. Meist wird die Schuld dafür außerhalb gesucht, beim »System«, und nicht in der Erkenntnis, daß wir selbst ja dieses System bilden! Müssen wir uns krank machen lassen?

In mancher Hinsicht ja. Wir können das heutige Ausmaß der Vergiftung der Biosphäre, der Luft, die wir einatmen, des Wassers, das wir trinken, nicht kurzfristig ändern. Die Allergieanfälligkeit des Menschen hat – objektiv meßbar – aufgrund der eingetretenen Umweltbelastungen zugenommen. Vieles aber können wir ändern, auch im Rahmen unseres vorgegebenen Arbeitsplatzes, unserer vorgegebenen familiären Situation, unserer vorgegebenen finanziellen Möglichkeiten. Zugegeben, eine Änderung des Lebensstils ist mühsamer als die Flucht in die Krankheit, mit der wir uns außerdem auch noch interessant machen (oder, besser, interessant zu machen glauben – »ach, der Arme!«). Wenn wir wirklich lieber gesund als krank sein wollen, müssen wir bestrebt sein, alle beeinflussenden Risikofaktoren bestmöglich auszuschalten – denken wir ein wenig nach, und es werden uns weit mehr Einflußmöglichkeiten bewußt werden, als wir zunächst annehmen.

Die großartigen Entwicklungen der modernen Medizin, im Rahmen der Gesamtentwicklung unserer Hochzivilisation, haben uns den Blick verstellt für ursächliche Zusammenhänge. Daß wir selbst unsere Krankheiten verursachen oder dem Ausbrechen von Erkrankungen durch unser Verhalten Vorschub leisten, verdrängen wir. Die Krankheit ist für uns ein von außen über uns hereinbrechendes Phänomen, für dessen Behebung nicht wir zuständig sind, sondern der Arzt als Gesundheitsmechaniker. Wenn das Werkel Auto nicht so recht funktioniert – ab in die Werkstätte, der Mechaniker richtet es, und dann läuft es wieder klaglos; genauso erwarten wir es vom Werkel Mensch und vom Arzt. Dieser Erwartungshaltung entspricht auch die Allopathie: Massive, rasch wirksame Medikamente, mit denen der Schnupfen oder die Grippe binnen kürzester Zeit weg sind und wir wieder unser gewohntes Leben fortsetzen können. An dieser Erwartungshaltung ist die Medizin nicht unschuldig: Die »Götter in Weiß« werden dich schon gesund zaubern. Die Faszination der Machbarkeit aller Dinge wurde von der Technik in die Medizin, damit aber in Bereiche des Lebendigen, unreflektiert übertragen.

Erst die allerletzten Jahre haben – auch in Österreich – eine Rückbesinnung gebracht. Plakativ gesagt: Die drittletzte Grippe haben wir noch mit Antibiotika behandelt, die vorletzte mit einem homöopathischen Mittel, die letzte mit Lindenblütentee und Schwitzen.

Der entscheidende Unterschied der Homöopathie zur Allopathie liegt für mich nicht in den extrem niedrigen Verdünnungen, sondern in der Grundeinstellung der Krankheit gegenüber: Die Allopathie ist bemüht, die Krankheit zu bekämpfen, die Homöopathie ist bemüht, die körperlichen Abwehrkräfte gegen die Krankheit zu stärken. Daher kann (und soll) ein homöopathisches Mittel auch schon vorbeugend genommen werden, bei den ersten geringen Anzeichen, daß sich mein Frösteln und Niesen zu einer Grippe auswachsen könnten. Auch sieht die Allopathie Krankheiten

isoliert, die Homöopathie ist stärker um eine gesamtheitliche Sicht bemüht; der Homöopath versucht, den Ursachen der Symptome zu begegnen.
Nichts gegen die Schulmedizin. Sie hat Volksseuchen wie Tuberkulose und Cholera zum Verschwinden gebracht, und die Leistungen der modernen Chirurgie verdienen grenzenlose Bewunderung. Mit einem gebrochenen Fuß werde ich mich sicherlich nicht zum Homöopathen begeben; aber für irgendein latentes Ungleichgewicht – häufige leichte Kopfschmerzen, eine unregelmäßige Verdauung – erweist sich eine Kombination von ganzheitlicher Analyse und Stärkung der körpereigenen Kräfte meist als längerfristig zielführender als eine unmittelbare Symptomkur.
Bei diesen Überlegungen geht es um weit mehr als um einen theoretischen Streit zwischen verschiedenen Denkschulen, verschiedenen Anschauungen. Eine unveränderte Fortführung unseres kurativen Gesundheitssystems muß nämlich zu dessen Zusammenbruch führen, und zwar aus mehreren Gründen. Erstens werden medizinische Behandlungsmethoden immer aufwendiger; so hat es vor einer Generation noch keine Herzschrittmacher, keine Computertomographen gegeben. Zweitens werden wir auch immer anspruchsvoller: Man geht nicht mehr zum praktischen Arzt, sondern zum Facharzt, und der schickt einen sicherheitshalber einmal reihum. So sind in den letzten fünfzehn Jahren die Röntgenausgaben pro Arzt um 300 Prozent, bei den Laboratorien sogar um 450 Prozent gestiegen. Drittens aber werden die Kosten des Gesundheitssektors allein durch die zunehmende Überalterung um weitere 20 Prozent steigen, einfach weil eine stärkere Besetzung der älteren Jahrgänge auch eine stärkere Inanspruchnahme von Gesundheitsleistungen bedeutet.
Es sind daher nackte, objektive Gegebenheiten, die ein Umdenken hinsichtlich der Inanspruchnahme von Leistungen des Gesundheitssektors erforderlich machen. So ist zunächst einmal Vorbeugen nicht nur besser, sondern auch billiger als Heilen. Aber auch beim Heilen selbst sind bei weitem nicht so viele Krankenhausleistungen erforderlich, wie derzeit in Anspruch genommen werden. Es ist noch zu wenig bekannt, daß fast die Hälfte der österreichischen Gemeinden heute bereits über Einsatzstellen für Hauskrankenpflege verfügt – dies ist nicht nur billiger, sondern auch patientenfreundlicher, wenn der Kranke sich in seiner häuslichen Umgebung wohler fühlt (wenn nicht, kann es ja auch weiterhin bei der verlängerten Spitalsbehandlung bleiben).

Am weitesten in Österreich ist das Umdenken in Vorarlberg gediehen. Bereits 1964 wurde dort ein Arbeitskreis für Vorsorge- und Sozialmedizin gegründet, dem heute 280 von insgesamt 330 in der Praxis stehenden Ärzte angehören. 16 Prozent aller erwachsenen Vorarlberger beteiligen sich an Vorsorgeuntersuchungen, 36 Prozent der erwachsenen Frauen an gynäkologischen Vorsorgeuntersuchungen. Seit dem Bestehen der Vorsorgeuntersuchung ist die Zahl der Todesfälle an Herz-Kreislauf-Erkrankungen bei Personen unter dem fünfundsechzigsten Lebensjahr um 25 Prozent gesunken; rund 2 000 Krebsfälle konnten rechtzeitig erkannt werden. Der Arbeitskreis betreibt darüber hinaus u. a. Kurse für Haltungsturnen, Bewegungsgruppen für Personen mit Bluthochdruck, erhöhten Fettwerten oder Übergewicht, Anti-Raucher-Gruppen, Koronar-Gruppen für Herzinfarktpatienten und verschiedene sozialmedizinische Dienste.
Als zweites Beispiel einer Eigeninitiative sei der Sozialsprengel südwestliches Mühlviertel (SSM) genannt. Er erstreckt sich auf ein Gebiet von 15 000 Einwohnern um den Gerichtsbezirk Lembach. Durch eine persönliche soziale Nahversorgung möchte der Verein der Unpersönlichkeit, die Leistungen aus öffentlicher Hand anhaftet, vorbeugen und auch das Verantwortungsbewußtsein des einzelnen hinsichtlich der Inanspruchnahme sozialer Leistungen stärken. In jeder Pfarre des Sozialsprengels ist ein örtlicher Sozialausschuß eingerichtet; die Zahl der aktiven Mitglieder beträgt 110, die der unterstützenden Mitglieder 400. Die notwendigen Mittel werden durch Mitgliedsbeiträge, Spenden, Beiträge von Förderern, Leistungsentgelte, Veröffentlichungen und Veranstaltungen aufgebracht. Jährlich werden durchschnittlich 16 000 Stunden freiwilliger, zum größten Teil unentgeltlicher Sozialarbeit geleistet. Wenn jemand infolge von Krankheit, Behinderung oder Alter seinen Alltag nicht mehr selbst bewältigen kann und Angehörige oder sonstige Bezugspersonen nicht zur Verfügung stehen, werden die Helfer des SSM tätig. Damit kann in vielen Fällen eine Einweisung in ein Alten- oder Pflegeheim vermieden werden. Darüber hinaus werden Behinderte betreut, Alkoholkranke, Flüchtlinge und Alleinstehende werden besucht.

Zusammenfassend: Auch im Gesundheitswesen vermag jeder von uns seinen Beitrag zu einer Verbesserung der Situation zu leisten – auf der einen Seite durch die eigene Lebensführung, auf der anderen Seite durch die Unterstützung von (oder noch besser Mitwirkung in) Gruppen, Organisationen, Institutionen, die auf dem Gebiet der Vorsorge oder der Betreuung aktiv werden. Nicht durch den Ruf nach mehr Staat werden wir gesünder, sondern durch das Bewußtsein unserer Verantwortung für uns selbst.

9 Zeit

Viele von uns haben zu viel Zeit, viele aber haben »negative Zeit« – die in sie gesetzten Erwartungen übersteigen ihre Kapazität. Diese Entwicklung ist nicht nur durch unsere Hochzivilisation, sondern auch durch den überwuchernden Sozialstaat bedingt. Nur durch eine Änderung unserer Einstellung zum Zeitbegriff und unserer Erwartungshaltung können wir wieder zu einer gesünderen Verteilung der Zeit kommen.

Einmal rief ich einen Kollegen an und fragte, ob ich auf ein paar Minuten zu ihm hinüberkommen könne. Er sagte: »Bitte nein; ich habe heute ›negative Zeit‹«.

Was er meinte, war, daß er für jenen Tag mehr an Arbeit vorgemerkt hatte, als bewältigbar war.

Seither läßt mir dieser Begriff der »negativen Zeit« keine Ruhe mehr. Was ist, wenn man nicht nur an einzelnen Tagen, sondern an allen Tagen negative Zeit hat?

Vergegenwärtigen wir uns das Problem zunächst anhand analoger Sachverhalte, so erkennen wir, daß es drei Phasen gibt, jeweils durch einen kritischen Punkt getrennt. Steht etwa in einem Theater ein bestimmtes Stück eine gewisse Anzahl von Vorstellungen lang auf dem Spielplan, so gibt es drei Phasen der Auslastung: Die Nachfrage ist so gering, daß für jeden Abend Karten verfügbar sind, ich also frei wählen kann. Ein erster kritischer Punkt ist erreicht, wenn die durchschnittliche Nachfrage so hoch ist, daß einzelne Vorstellungen ausverkauft sind; dann kann ich aber noch für eine andere Vorstellung eine Karte bekommen. Der zweite kritische Punkt, und danach die dritte Phase, ist erreicht, wenn alle Vorstellungen ausverkauft sind, d. h. die Nachfrage insgesamt höher ist als das gesamte Platzangebot während der Spielzeit des Stückes; dann müssen viele Interessenten auf den Besuch des Stückes verzichten.

Ein anderes Beispiel: Die durchschnittliche Auslastung eines Autofährschiffes ist so gering, daß man nur zuzufahren braucht und einen Platz bekommen kann. Ab dem ersten kritischen Punkt tritt die zweite Phase ein, in welcher ich zwar noch immer einen Platz bekommen kann, aber vielleicht nicht für den eigentlich gewünschten Zeitpunkt. Der zweite kritische Punkt ist erreicht, wenn alle Plätze für alle Fahrten ausgebucht sind; wenn die Gesamtnachfrage höher ist als die Gesamtkapazität, befinden wir uns in der dritten Auslastungsphase.

Vielen Menschen fällt es schwer, die Analogie zwischen diesen beiden Beispielen und der menschlichen Zeit zu sehen. A sagt zu B: »Komm doch einmal auf einen Plausch vorbei!« Wenn B antwortet: »Tut mir leid; bin in Phase 3, habe daher ständig negative Zeit«, dann wird A B für einen sehr unhöflichen Menschen halten.

Auf den ersten Blick hin sind wir geneigt, insbesondere von Managern anzunehmen, sie hätten negative Zeit. Das stimmt aber nicht. Die Aufgaben eines Managers übersteigen zwar in der Regel die von einem einzelnen Menschen bewältigbare Menge; ein kluger Manager vermag jedoch zu delegieren. In den Wirtschaftswunderjahren war es zum Statussymbol geworden, »keine Zeit« zu haben; damit konnte man zum Ausdruck bringen, wie wichtig man doch sei. Es war dies aber keine echte negative Zeit, sondern eine vorgeschützte, beruhend auf der mangelnden Bereitschaft oder mangelnden Fähigkeit zu delegieren.

Die echte negative Zeit finden wir in Bereichen, wo wir sie nicht vermuten, z. B. bei Müttern einer großen Schar von Kleinkindern. Die Summe an mütterlichen Aufmerksamkeiten, die die Mutter ihren Kindern schenken müßte, übersteigt eindeutig die Kapazität eines einzelnen Menschen, und selbst wenn es andere Menschen gibt, die helfen, den (berufstätigen) Gatten, vielleicht eine Großmutter oder Tante, bleibt doch an der Mutter mehr hängen, als sie tagtäglich unterbringen kann. Wenn eine (kinderlose) Freundin dieser Mutter sagen würde: »Komm doch einmal auf einen Plausch vorbei!«, so müßten wir dies eigentlich als Frotzelei empfinden. Und dennoch: Irgend etwas in uns sträubt sich dagegen, die Existenz dieser Phase 3 zur Kenntnis zu nehmen – irgendwann *muß* sie ja doch Zeit haben. Hier unterliegen wir allerdings einem neuerlichen Trugschluß: Angenommen, es gelänge dieser Mutter wirklich, sich einmal auf ein Stündlein freizumachen – würde sie dann mit ihrer tratschsüchtigen Freundin zusammenkommen wollen, oder nicht vielleicht viel lieber ein Buch lesen oder eine Schallplatte hören, oder sich ganz einfach ausschlafen? Das heißt: Wir befinden uns nach wie vor in Phase 3.

In schrecklicher Form ist diese Phase 3 gegeben, wenn durch eine Naturkatastrophe die vorhandenen Ärzte restlos überfordert sind: Selbst wenn sie 24 Stunden hindurch Notoperationen durchführen, können sie mit den laufend eingelieferten weiteren inzwischen geborgenen Verletzten nicht Schritt halten.

Von Phase 3 wissen aber auch Politiker ein Lied zu singen. Nicht nur Spitzenpolitiker sind es, die weit mehr Post bekommen, als sie je beantworten können, denen weit mehr dicke schriftliche Unterlagen zugesandt

werden, als sie je lesen können. Wenn der Bundesparteiobmann einer Großpartei in Österreich jedem seiner Wähler nur ein einziges Mal während der vierjährigen Legislaturperiode die Chance böte, ihm zehn Minuten lang sein Herz auszuschütten, und wenn er täglich sechzehn Stunden lang nichts anderes täte als dies, 365 Tage im Jahr, so müßte er sich selbst verfünfzehnfachen. Der Vergleich mit dem Manager ist hier nicht möglich: Der Wähler will ja *ihm*, dem Spitzenpolitiker, sein Herz ausschütten, keinem Sekretär, der es auch gar nicht weitersagen könnte.
Bei Politikern in mittleren Rängen ist der Bürger noch weniger bereit, die Existenz einer Phase 3 zur Kenntnis zu nehmen. Es gibt Politiker, die weit mehr Einladungen zu Referaten oder Diskussionen erhalten, als das Jahr Tage hat. Dann hilft es nichts, wenn treuherzig gesagt wird: »Bitte *irgendwann* im Frühjahr, ganz gleich wann«, wenn es zu viele sind, die diesen Wunsch äußern. Gleichzeitig werden auch an ihn weit mehr Anliegen herangetragen, als er je bewältigen könnte, meist komplexe Sachverhalte, im unbändigen Vertrauen: Er wird's schon richten. Jedem erscheint gerade *sein* Anliegen das wichtigste zu sein; er erwartet vom Politiker als selbstverständlich, daß er beliebig viel Zeit hat, um sich voll und ganz diesem einen Anliegen widmen zu können, um es genau zu jenem Ende bringen zu können, das der betreffende Bürger sich wünscht. Nur allzu oft aber werden überdies widersprüchliche Erwartungen in den Politiker gesetzt: Die geplagten Anrainer einer Ortsdurchfahrt erwarten von ihm – aus Umweltgründen – die baldige Realisierung einer Ortsumfahrung, Naturschützer erwarten von ihm, daß er sich – wieder aus Umweltgründen! – dieser, eine wunderschöne Landschaft durchschneidenden Umfahrung widersetzt.
Künstler haben es leichter; übersteigt die Nachfrage nach ihnen ihre Kapazität, so brauchen sie nur ihre Gagenforderungen zu erhöhen, um beides ins Gleichgewicht zu bringen. Diese Möglichkeit hat der Politiker nicht.

Bitte mich nicht mißzuverstehen: Es geht mir nicht darum, daß Sie, lieber Leser, einen Bedauerungsschluck für die armen Politiker trinken; die hätten ja nicht politisch aktiv zu werden brauchen. Mir geht es nur darum, aufzuzeigen, daß es Personen in bestimmten Berufen gibt, von der Mutter einer Kinderschar über einen beliebten Fernseh-Ratgeber bis hin zu manchem Politiker, die sich in jener Phase 3 befinden, in der die Nachfrage ständig die Kapazität übersteigt.

Unsere Gegenwart ist aber keineswegs dadurch gekennzeichnet, daß wir alle miteinander weniger Zeit haben als früher. Es gibt gleichzeitig breite Schichten, die über viel zu viel Zeit verfügen. Wie viele alleinstehende und alleinwohnende ältere Mitbürger leiden zutiefst unter ihrer Vereinsamung; sie sind glücklich über jeden, der ihnen hilft, sich »die Zeit zu vertreiben«.

War das schon immer so?

Keineswegs. Dieses Auseinanderklaffen in negative Zeit bei manchen Menschen, sehr viel positive Zeit hingegen bei anderen Menschen ist eine Folge unseres Zivilisationsgrades. In der alten Agrargesellschaft mit ihrer Großfamilie hatte jeder sein ihm übertragenes Pensum an Arbeit zu verrichten; trotz aller Rollenteilung war die Auslastung aller so ziemlich dieselbe. Die modernen Kommunikationsmittel haben aber vielfach zu einer Ent-Kommunikation geführt: Man besucht nicht mehr die alte Tante, den alten Onkel, denn man könnte ja anrufen (und tut es dann nicht). Aber auch die Erfindung unzähliger zeitsparender technischer Mittel, vom Auto bis zur Waschmaschine, hat uns paradoxerweise mehr Zeit gekostet als eingebracht. Als unsere Eltern jung waren, wurde allgemein auch samstags noch gearbeitet; aber für was alles jene Generation Zeit fand, erscheint uns kaum glaublich: Wöchentliche Hausmusikabende, die Einstudierung von Theaterstücken samt Anfertigung der Kostüme, von den regelmäßigen Ausflügen ganz zu schweigen.

Es waren nicht nur die damals noch verfügbaren Domestiken, weshalb man »in bürgerlichen Kreisen« mehr Zeit hatte; es war auch die ungleich größere Bescheidenheit in der Lebensführung. Mir fiel einmal das Kassabuch meiner Großmutter aus der Zeit vor dem Ersten Weltkrieg in die Hände; ich war perplex, wie wenig im Laufe eines Monats – außer dem täglichen Nahrungsmittelbedarf – gekauft wurde!

Nicht nur unsere Autofahrten brauchen viel Zeit, auch jeder Einkauf erfordert mehr Zeit als wir annehmen. Man geht ja nicht einfach ins Geschäft und kauft eine Bluse oder ein Hemd. Man besucht mehrere Geschäfte, stellt Vergleiche an, bespricht die bevorstehende Anschaffung mit anderen, was auch deren Zeit kostet.

Ebenso haben uns auch alle »zeitsparenden« Verkehrsmittel – bis zum Flugzeug – keinen Zeitgewinn gebracht, sondern nur eine Ausweitung unseres Aktionsradius. Der Mensch hat vielmehr in jeder Periode seiner Zivilisationsentwicklung einen etwa gleichen Anteil seiner Gesamtzeit auf

Ortsveränderung verwenden müssen: Der Bauer in der Agrargesellschaft benötigte etwa gleich viel Zeit, um seine (verstreut liegenden) Felder aufzusuchen, wie der Prokurist braucht, um von der Vorortvilla ins Büro zu gelangen, oder der Supermanager, der von einer Großstadt in die andere jettet.

Je größer die Wohnung, je umfangreicher ihr Inhalt, desto mehr Zeit erfordert die simple Abwicklung unseres Daseins. Und haben wir gar noch einen Garten, so wirkt dieser erst recht sozial destabilisierend: Die Zeit, die wir für Gartenarbeit aufwenden, steht uns für zwischenmenschliche Kontakte nicht zur Verfügung.

Ja, können wir nicht unsere Gartenarbeit machen und außerdem ausreichend mit Nachbarn und Verwandten plaudern? In unserem Denken sind wir nach wie vor in jener früheren Epoche verhaftet, in welcher sich alle Menschen hinsichtlich ihrer Zeit in Phase 1 befanden, d. h. tagtäglich über ausreichend nichtverplante Zeit verfügten. Treffen wir jemand, oder ruft er an, geht er stillschweigend davon aus, beliebig lange über beliebige Dinge mit uns plaudern zu können. Befinden wir uns aber in Phase 2 oder Phase 3, so beraubt uns unser Gesprächspartner durch sein Gespräch einer anderen eigentlich vorgesehenen Verwendung unserer Zeit, einer Verwendung, die vielleicht, objektiv gesehen, viel wesentlicher wäre. Keinem von uns würde es einfallen, einem Freund, der knapp bei Kasse ist, freundlich ein paar Geldscheine aus der Börse zu nehmen; aber wenn jemand knapp bei Zeit ist, sind wir erbost, wenn er sich dieses sein knappes Gut nicht wegnehmen lassen möchte.

Wo ist der Ausweg zu finden? Innerhalb des gegebenen Systems kaum; ein Fährschiff, ein Theater, ein Mensch haben nur eine gegebene Kapazität, und die Großfamilie, in der die alte Tante und der alte Onkel ihre Kontakte hatten, werden wir auch nicht wieder einführen können; aber wir können uns bemühen, Schritte in die richtige Richtung zu unternehmen.

So müßte der Politiker den Mut haben, mehr Mitbürger zu enttäuschen – einige der an ihn herangetragenen Anliegen nicht zu bearbeiten, dafür aber weiterbildende Vorträge und Seminare zu besuchen, oder einfach auf einem Sonntagsspaziergang ein bißchen nachzudenken. Oder liegt nicht ein Teil der Schuld auch beim Wähler? Es ist uns zuwenig bewußt, daß diese Erwartungshaltung eigentlich erst eine Folge des Sozialstaates, also der letzten Jahrzehnte, ist. Die Überbetreuung des Menschen von der Wiege bis zur Bahre hat zu unserer Entmündigung geführt, hat dazu geführt, daß die Politik überall ihre Finger mit drin hat. Und je mehr wir jedes Anliegen an die Politik herantragen, von der Politik erwarten, daß sie uns eine Wohnung verschafft, einen Job, desto mehr sind wir selbst es, die dieses System verfestigen. Der schon längst dringend erforderlich gewordene Rückzug der Politik aus einer Vielzahl von Bereichen kann nicht durch die Politik allein erfolgen, solange jeder einzelne all diese Ansprüche an die Politik stellt.

Auf jene, die zu viel freie Zeit haben, insbesondere also vereinsamte ältere Mitbürger, wird noch in einem späteren Abschnitt einzugehen sein. Allen Ernstes wird seit einiger Zeit diskutiert, daß es in Zukunft den Beruf eines »Altenbetreuers« geben sollte, der in der Welt von morgen ebenso seinen festen Platz haben wird wie heute etwa die Kindergärtnerin, der Lehrer oder die Krankenschwester. Sicher, der gesellschaftliche Bedarf an Betreuung unserer älter gewordenen Mitbürger ist gegeben. Aber stellt eine Professionalisierung der Abdeckung dieses Bedarfes wirklich den besten Weg dar? Drücken wir uns damit nicht schon wieder noch auf einem weiteren Gebiet um unsere ureigenste Verantwortung, rufen wir damit nicht nach noch mehr öffentlichem Dienst, nach noch mehr Staat?

Vieles an »Ausgrenzung« unserer älteren Mitbürger wäre vermeidbar. Müssen Altenheime wirklich an den Stadtrand gebaut werden, wo sie mit öffentlichen Verkehrsmitteln kaum erreichbar sind? Sicher wird man Altenheime nicht neben Rummelplätzen ansiedeln, aber sie sollten doch mit dem Leben rundum integriert sein.

Es geht aber noch viel einfacher. In einem neu errichteten Sozialbau in Bern hat der Architekt in ein und demselben Stockwerk jeweils einige Wohnungen für kinderreiche Familien und einige Kleinwohnungen für alleinstehende ältere Menschen vorgesehen. Es entstanden keine zusätzlichen Kosten, es bedurfte keiner zusätzlichen Vorkehrungen: Binnen kürzester Zeit entstanden, von selbst, zwischen den kinderreichen Familien und den älteren Personen Symbiosen; die pensionierte Klavierlehrerin gab dem musikalisch aufgeweckten Kind einer Arbeiterfamilie unentgeltlichen Unterricht, einem Kind, dessen Begabung ansonsten unentdeckt geblieben wäre. Am Weihnachtsabend, und auch sonst, war sie in dieser Familie zu Gast; und wenn ihr, der betagten Dame, das Tollen der Kinder zu laut wurde, brauchte sie nur über den Gang zu gehen und hatte wieder ihre

Ruhe. Mit ganz einfachen Mitteln war es gelungen, die Vorteile der alten Großfamilie wieder zu verwirklichen, ohne deren Nachteil, das unentrinnbar aufeinander angewiesen sein, in Kauf nehmen zu müssen. Um beim Zeitbegriff zu bleiben: Sowohl die Phase 3 der jungen Mutter als auch die Phase 1 der alten Frau wurden wesentlich gemildert.

Auch hinsichtlich der Verwendung der Zeit ist es also mit in unsere Hand gelegt, wie sich das Leben in Österreich morgen gestalten wird.

10 Lernen, Arbeit, Freizeit

In der Informationsgesellschaft, an deren Beginn wir stehen, werden die drei Haupttätigkeiten des Menschen – Lernen, Arbeiten und Freizeit nutzen – einander stärker durchdringen. Es wird eher die Norm als die Ausnahme sein, im Laufe des Lebens verschiedene Berufe auszuüben und auch immer wieder etwas Neues dazulernen zu dürfen.
Auch die Arbeit wird ihren Charakter verändern: Ein immer größerer Anteil unserer Arbeit wird nicht mehr fremdbestimmt, sondern selbstbestimmt sein.

Stellt man die Frage, was der Mensch denn im Laufe seines Lebens überhaupt tut, so lassen sich all seine Tätigkeiten in drei große Gruppen zusammenfassen: Lernen, Arbeiten und Freizeit gestalten.
In der alten Agrargesellschaft, wie überhaupt in allen »primitiven« Kulturen, waren diese drei Bereiche das ganze Leben hindurch ineinander verwoben gewesen. Das Lernen war vornehmlich ein nicht-formelles Lernen: Man hielt die Augen offen, bekam dies hier, jenes dort erklärt, und selbst der ganz Alte, der auf der Bank vorm Haus in der Sonne saß, erfuhr noch Neuigkeiten. Auch die Arbeit durchzog das ganze Leben, von Hüterbub und Gänseliesl bis ins hohe Alter; wenn der alte Bauer im Ausgedinge noch Holz zerkleinerte, die alte Bäuerin Erbsen auslöste, dann war dies keineswegs nur die Folge einer harten Zeit, in der man eben auch im hohen Alter noch schuften mußte; ganz im Gegenteil: Es vermittelte den alten Menschen das Selbstwertgefühl, noch für etwas zu taugen, noch einen Beitrag zur Lebensführung leisten zu dürfen, noch dazuzugehören, nicht abgeschoben zu sein. Die Freizeitgestaltung war weitgehend genormt, etwa in Form des sonntäglichen Kirchgangs samt anschließendem Frühschoppen beim Kirchenwirt, durchzog aber ebenfalls, gleichmäßig verteilt, das ganze Leben; eigene Perioden eines »Urlaubs« waren praktisch unbekannt.
Erst die Industrialisierung brachte eine künstliche Entflechtung dieser drei Bereiche mit sich. Um den Anforderungen der Industriegesellschaft besser entsprechen zu können, mußte ein immer höherer Prozentsatz der Bevölkerung einem langjährigen, formalen Lernprozeß unterworfen werden. Die allgemeine Schulpflicht wurde als Zeichen des Fortschritts gepriesen, eine in die Jugendjahre zusammengedrückte Lernphase. Wenn Kinderarbeit verboten wurde, so nicht primär aus humanitären Erwägungen, sondern um den Menschen in seiner Jugend nicht vom Lernen abzuhalten.
Dann war man eines Tages »ausgelernt« (sic!) und hatte ab diesem Zeitpunkt seinen Mann (oder seine Frau) zu stellen, d. h. fleißig, und ziemlich ausschließlich, zu arbeiten. Eine Verkürzung der wöchentlichen Arbeits-

zeit, kurze Urlaubsphasen, mußten erst im Laufe der Jahrzehnte mühsam erkämpft werden; diese Hauptphase des menschlichen Lebens war eben die Arbeitsphase schlechthin. Erst anschließend an diese Phase, meist wieder von einem Tag auf den anderen, hatte sich der Mensch des »wohlverdienten Ruhestandes« zu erfreuen, durfte also »Freizeit genießen«, meist in einem Alter und gesundheitlichen Zustand, in dem er nicht mehr so recht genießen konnte. In der ersten Phase, der Lernphase, ist Arbeit tabuisiert; in der Arbeitsphase ist Nichtarbeit tabuisiert; in der dritten Phase ist wieder die Arbeit verpönt – wer auch in höherem Alter noch arbeitet, nimmt einem Jüngeren »den Arbeitsplatz weg«, und seine Pension wird daher strafweise Ruhensbestimmungen unterworfen.

Uns, die wir in dieses System hineingeboren wurden, ist gar nicht bewußt, wie eigentlich un-menschlich diese künstliche Trennung der drei Tätigkeiten Lernen, Arbeiten und Freizeit genießen in drei aufeinanderfolgenden Phasen im menschlichen Leben ist, wie sehr die Industriegesellschaft nicht die menschengerechte Norm, sondern die Ausnahme darstellt.

Derzeit, am Übergang vom zweiten zum dritten Jahrtausend unserer Zeitrechnung, erleben wir die vielleicht entscheidendste Wende in der gesamten Wirtschafts- und Sozialgeschichte des Menschen, eine Wende, die ich in den »Megatrends für Österreich« als Wende von der Versorgungswirtschaft zur Entsorgungswirtschaft charakterisiert hatte. Diese Wende wird durch eine weitere Wende überlagert: Die Wende von der Industriegesellschaft zur Informationsgesellschaft. Diese Bezeichnung findet zunächst darin ihre Rechtfertigung, daß in den entwickelten Ländern heute schon über 50 Prozent aller Erwerbstätigen nicht mehr in der Produktion im engeren Sinne, also an Pflug oder Werkbank, tätig sind, sondern mit der Handhabung von Informationen, von Verwaltung und Lehre bis zu Produktentwicklung und Marketing.

Noch eine Zwischenbemerkung: Ich halte es nicht für glücklich, von einer nunmehr angebrochenen nach-industriellen Gesellschaft zu sprechen. Denn auch in der Welt von morgen wird die Industrie einen wichtigen Platz einnehmen. Dies wird durch einen Vergleich mit der Rolle der Landwirtschaft beim seinerzeitigen Übergang von der Agrargesellschaft zur Industriegesellschaft klar: Die Landwirtschaft ist in dieser Zeit keineswegs verschwunden; im Gegenteil: Während die landwirtschaftliche Produktion damals kaum ausreichte, die Bevölkerung zu ernähren, haben wir heute mit dem Problem landwirtschaftlicher Überschüsse zu kämpfen. Diese gegenüber damals stark gestiegene Produktion wird allerdings nur noch von einem Bruchteil der seinerzeit in der Landwirtschaft tätigen Bevölkerung bereitgestellt. Daraus kann geschlossen werden: Die Produktion der Industrie wird, zumindest wertmäßig, auch beim Übergang von der Industriegesellschaft zur Informationsgesellschaft eher noch weiter steigen, allerdings mit einem (auch weiterhin) rückläufigen Beschäftigtenstand. Einer eben erschienenen Studie des Beirates für Wirtschafts- und Sozialfragen zufolge wird der Anteil der im Sekundärsektor, also in Industrie und Gewerbe, beschäftigten Personen in Österreich allein in den fünfzehn Jahren zwischen 1985 und 2000 von 36,5 auf 29,4 Prozent zurückgehen.

Viel entscheidender jedoch, und eigentlich maßgeblich dafür, daß die nunmehr anbrechende Phase eine eigene Bezeichnung, nämlich »Informationsgesellschaft«, verdient, ist jedoch ein anderer Umstand. Am Begriffstripel Lernen, Arbeit und Freizeit wurde bereits deutlich, daß der Übergang von der Agrargesellschaft zur Industriegesellschaft auch das Normensystem veränderte, allgemeiner gesagt, daß die neue Zeit eine Ablöse der Denkweisen der Agrargesellschaft durch die Denkweisen der Industriegesellschaft erforderte. Genau dies ist es, was wir derzeit wieder erleben: Die nunmehr anbrechende Phase wird eine neuerliche Veränderung der Denkweisen zur Folge haben, eine Veränderung, die in Art und Ausmaß mindestens so tiefgreifend sein wird wie es der Übergang von der Agrargesellschaft zur Industriegesellschaft gewesen war.

Dieser Übergang wird in zweierlei Hinsicht noch markanter sein.

Erstens gehen die Veränderungen derzeit mit wesentlich größerer Geschwindigkeit vor sich, als es beim Übergang von der Agrargesellschaft zur Industriegesellschaft der Fall gewesen war. Was sich damals über Jahrhunderte abspielte, vollzieht sich heute in Jahrzehnten. Noch bis vor einigen Jahrzehnten konnte ein Großvater seinen Enkelkindern einigermaßen zutreffende Auskunft über zu erwartende Chancen in einzelnen Berufen geben; heute wagen wir kaum mehr, unseren Kindern ein klares Bild über die Berufsaussichten von morgen zu vermitteln.

Der zweite Grund, warum die derzeit ablaufenden Veränderungen tiefgreifender sein werden als die seinerzeitigen, klingt zunächst kompliziert: Die Ablöse der Agrargesellschaft durch die Industriegesellschaft hatte die Ablöse eines Normensystems durch ein anderes Normensystem mit sich gebracht; die Ablöse der Industriegesellschaft durch die Informationsgesellschaft bringt jedoch nicht die Ablöse eines Normensystems durch ein anderes, sondern die Ablöse eines Normensystems durch eine Normenvielfalt, durch ein Nebeneinander verschiedener Normensysteme, mit sich.

Ein Beispiel: In der Industriegesellschaft war es die Regel, zuerst einen Beruf erlernt zu haben, dann zu heiraten und dann erst an Nachwuchs zu denken; die Logik dieser Reihenfolge hat heute nicht einer anderen Norm Platz gemacht, sondern einer größeren Freiheit, die eine oder die andere Reihenfolge zu wählen.

Ein zweites Beispiel, mit dem wir wieder bei unserem Begriffstripel Arbeit, Lernen und Freizeit sind: Die harte Norm der Industriegesellschaft – streng aufeinanderfolgende Phasen – macht nun nicht einer neuen festen Norm Platz, sondern wir erleben beim Übergang in die Informationsgesellschaft das Entstehen eines Nebeneinander verschiedener Anordnungen von Lernen, Arbeit und Freizeit über die Lebenszeit hinweg. Es wird auf der einen Seite weiterhin zahlreiche Berufe geben, von der Opernsängerin bis zum Herzchirurgen, in denen es aus natürlichen Gründen bei der harten Dreiteilung wird bleiben müssen; daneben erleben wir aber das Entstehen einer Unzahl anderer, individuell verschiedener Aufeinanderfolgen von Lern-, Arbeits- und Freizeitphasen im menschlichen Leben, je nach Beruf, beziehungsweise besser gesagt, ja nach »job career« (Alvin Toffler), also Aufeinanderfolgen von Berufen während eines menschlichen Lebens, oft voneinander durch Lern- und/oder Freizeitphasen getrennt.

Uns Angehörigen der älteren Generation fällt es schwer, uns in die jüngere Generation hineinzuversetzen. Zu unserer Zeit gab es keine andere Wahl, als einen Beruf möglichst zügig zu erlernen und dann – unmittelbar nach Schul- oder Studienabschluß – unverzüglich auszuüben. Die heutige Generation probiert ein bißchen hier, ein bißchen dort, hängt ein Studium an den Nagel, macht ein paar Jahre hindurch ganz etwas anderes, landet aber dann letztlich doch in irgendwelchen geordneten Bahnen. Durch die herkömmlichen Brillengläser der Denkweisen der Industriegesellschaft gesehen, waren das alles vergeudete Jahre. Aber versuchen wir nun einmal, unsere überkommenen Scheuklappen abzulegen: Wird nicht diese Generation, wenn sie später einmal auf ihr Leben zurückblickt, sagen können, ein reicheres Leben geführt zu haben, als wir es sagen können? Und wenn wir verbittert, vielleicht voll Neid, hinzufügen: Die haben ja nicht die schweren Zeiten erlebt wie wir, als wir jung waren, dann ist meine Antwort: Gott sei Dank! Freuen wir uns doch, daß die Generation unserer

Kinder in materiell besseren Verhältnissen aufwächst, so daß sich diese Generation eine vielfältigere Lebensweise während der ersten Lebensjahrzehnte leisten kann.
Ja, warum sollte nicht auch ein späterer Berufswechsel positiv gesehen werden? Alvin Toffler hatte vorgeschlagen, beispielsweise den Lehrberuf erst in der zweiten Lebenshälfte auszuüben – im Normalfall zuerst zehn, zwanzig Jahre hindurch in irgendeinem anderen Beruf tätig zu sein, während dieser Zeit seine didaktischen Fähigkeiten zu entdecken, eventuell eine fachdidaktische Ausbildung nachzuholen und dann, als gereifter Mensch, in einen Lehrberuf überzuwechseln. Daß dieser Gedanke gar nicht so abwegig ist, wird in Österreich durch unsere vom Ausland viel bewunderten Berufsbildenden Höheren Schulen bewiesen, in welchen viele gerade der besten Fachlehrer vorher in einschlägigen Berufen außerhalb der Schule tätig waren.
Dies gilt jedoch auch in umgekehrter Richtung. Wir alle kennen Lehrer, die eigentlich den Beruf verfehlt haben – herzensgute Menschen, die sich aber Kindern gegenüber nicht durchzusetzen vermögen. Ihr ganzes Dasein ist eine einzige Qual, die nicht allzu selten in einer Tragödie endet. Ich kenne Fälle, in denen pragmatisierte Lehrer den Mut hatten, ihren erlernten Beruf aufzugeben und in eine andere Tätigkeit überzuwechseln, um in dieser Tätigkeit erst richtig aufzublühen. Ich kenne einen hochbezahlten und hochqualifizierten Informatiker, der seinen Beruf an den Nagel hängte, einen Bioladen eröffnete und damit glücklich wurde.
Mit den Augen der Industriegesellschaft gesehen, handelt es sich bei diesen Menschen um »Aussteiger«; ich schlage dringend vor, statt dessen von »Umsteigern« zu sprechen, von Menschen, die die geänderten Gegebenheiten der Informationsgesellschaft sinnvoll zu nutzen verstehen.
Überlegen wir die nunmehr gegebenen vermehrten Möglichkeiten einer wechselseitigen Durchdringung von Lern-, Arbeits- und Freizeitphasen ein wenig systematischer.
So sollte versucht werden, »Arbeit« in die erste Phase des Lebens, die (bisher ausschließliche) Lernphase, zu re-integrieren. Auf einem Teilgebiet hat diesbezüglich Österreich eine Pionierstellung, derer wir uns vielleicht gar nicht ausreichend bewußt sind, und zwar auf dem Gebiete der sogenannten »dualen« Lehrlingsausbildung. Anders als in anderen Ländern, erfolgt die Ausbildung eines Lehrlings in Österreich gleichzeitig bei seinem Lehrherrn und an einer Berufsschule.

Es könnte nicht schaden, dieses System auch in unsere anderen Sekundärschulen hineinzutragen. Wenn Elfjährige eine Schülerzeitschrift herausbringen, Vierzehnjährige ein Buffet am Sprechtag und Siebzehnjährige einen Schulball organisieren, so sind dies Symptome eines Hungers danach, auch in dieser Lebensphase bereits irgendeine nützliche Arbeit verrichten zu dürfen.

Ferner kann es sich als zielführend erweisen, an bestimmten Punkten des Ausbildungsganges eine Arbeitsphase einzuschieben. Wenn etwa angehende Medizinstudenten zwischen Matura und Universitätsstudium verhalten wären, ein Jahr lang in einem Spital als Hilfs-Krankenpfleger zu praktizieren, so würde dies nicht nur jene vom (überfüllten) Studium abhalten, die sich hiezu nicht wirklich berufen fühlen, sondern auch jene Basisinformationen für den praktischen Ablauf eines Spitalsbetriebes vermitteln, die später dann als Ärzte, also von oben her, nicht mehr gewonnen werden können. In ähnlicher Weise sollten angehende Lehrer zwischen Mittelschule und Pädagogischer Akademie ein Jahr als Hilfserzieher in einem Schülerheim tätig sein; auch dies wäre für viele eine Möglichkeit, eine allfällige geringe Eignung für den Umgang mit Schülern rechtzeitig an sich zu entdecken.

Was die gegenseitige Durchdringung von Lern- und Arbeitsphasen betrifft, können wir von anderen Ländern, wie etwa den USA, viel an Erfahrung übernehmen. Ein amerikanischer Student findet nichts dabei, neben dem Studium in der Mensa zu servieren, also dieselben Freunde zu bedienen, mit denen er dann wieder gemeinsam im Hörsaal sitzt. Umgekehrt ist es in den USA auch durchaus üblich, daß sich Mittdreißiger, oft schon mit Familie, systematisch so viel Geld zur Seite legen, daß sie ein oder zwei Jahre lang ausschließlich studieren können, um einen (weiteren) akademischen Grad zu erwerben.

In diesem Sinne wird der Begriff der »éducation permanente« bei uns immer noch viel zu eng gesehen, als ein notwendiges Übel, immer wieder (im erlernten Beruf!) etwas Neues dazulernen zu müssen, um nicht unter die Räder zu kommen. Wir sollten es vielmehr als eine Errungenschaft der Gegenwart und Zukunft begrüßen, das ganze Leben hindurch immer wieder etwas Neues lernen zu dürfen! Wir sehen das Lernen viel zu sehr nur unter dem Aspekt der Ausbildung, also der Bildung als Investitionsgut, als eine Investition in unsere Zukunft, die sich dann im Berufsleben in klingende Münze umsetzen läßt. Hiezu trägt stark bei, daß in unserem Schul-

system der Schüler das Lernen als Unfreiheit kennenlernt, als Zwang, dessen Sinn ihm oft verborgen bleibt.
Bildung sollte demgegenüber in Hinkunft immer mehr auch unter dem Aspekt des »Konsumguts« gesehen werden. Ja, es könnte mit Fug und Recht gesagt werden, daß es geradezu ein Charakteristikum einer hoch entwickelten Zivilisation ist, wenn ein immer höherer Prozentsatz der Bevölkerung auch Dinge lernen darf, die nicht mit dem unmittelbar ausgeübten Beruf in Zusammenhang stehen. Das Seniorenstudium, so erfreulich es ist, ist vielfach Ausdruck der Tatsache, daß diese Pensionisten sich den Wunsch, das betreffende Wissen zu erwerben, bisher in ihrem Leben hatten versagen müssen.
Gerade die Tatsache, daß wir über die in der Welt von morgen erforderliche Qualifikationsstruktur heute weniger Bescheid wissen als je zuvor, erfordert es, das Bildungssystem von vornherein breiter anzulegen, insbesondere auch das Lernen zu lehren, d. h. die Bereitschaft und Fähigkeit zu fördern, immer Neues dazulernen zu können und zu wollen.
In Österreich hat das traditionelle Schulsystem die Aufgabe eines das ganze Leben erfüllenden Lernens bisher weitgehend verschlafen. Die Weiterbildung wurde vornehmlich von außerschulischen Institutionen (Wirtschaftsförderungsinstitute, Berufsförderungsinstitute, innerbetriebliche Schulung) übernommen. Hier eröffnet sich für die Zukunft noch ein weites Aufgabengebiet.

Was Lernen, Arbeit und Freizeit betrifft, ist ferner zu konstatieren, daß die Grenzen zwischen diesen Begriffen immer mehr verschwimmen. Überhaupt ist festzuhalten, daß wir zum Begriff »Arbeit« eine gespaltene Beziehung haben:
Auf der einen Seite wird Arbeit als Fron angesehen, als »Entfremdung«, als etwas Negatives; seit jeher waren die Gewerkschaften bemüht, die Arbeitszeit der Arbeitnehmer herabzusetzen, die Fron zu verringern. Auf der anderen Seite wird von einem »Recht auf Arbeit« gesprochen, wird beklagt, daß der Arbeitslose, selbst wenn er eine ausreichend hohe Arbeitslosenunterstützung erhält, eines Grundrechtes beraubt ist, wenn er nicht arbeiten darf.
Vergleichen wir zwei in benachbarten Gärten werkende Männer. Der eine ist Arbeiter einer Gärtnerei, beauftragt, diesen Garten zu pflegen; der andere arbeitet in seiner freien Zeit im eigenen Garten. Beide verrichten in

der heißen Julisonne dieselbe Tätigkeit – Rasen mähen, Unkraut jäten, was auch immer. Für den ersten ist die Arbeit Fron; für den zweiten bedeutet haargenau dieselbe Arbeit Ausgleich, Selbsterfüllung, Freude.

Worin besteht nun der Unterschied?

Der Unterschied besteht nicht in der Art der Arbeit, sondern in deren Charakter: Für den ersten ist die Arbeit fremdbestimmt (heteronom), für den zweiten selbstbestimmt (autonom). Nur eine Nebenbemerkung: Wenn Arbeiter am Wochenende pfuschen gehen, so hat dies nicht nur finanzielle Gründe: Der pfuschende Arbeiter ist sein eigener Herr, wird vom Auftraggeber quasi als Meister behandelt, kann selbst entscheiden, wann er eine Pause macht, wie er sich die Arbeit einteilt; unter der Woche muß er sich als einfacher Arbeiter notwendigerweise einem System einordnen.

Auch in der Welt von morgen wird Arbeit benötigt werden, viel Arbeit, vielleicht noch mehr Arbeit als heute – man denke nur an alle heute stark vernachlässigten Bereiche, vom Umweltschutz bis zur Sozialarbeit. Wie wir unsere Zukunft bewältigen, wird daher nicht zuletzt auch davon abhängen, wie wir mit dem Begriff »Arbeit« zu Rande kommen. Summarisch kann festgehalten werden, daß selbstbestimmte Arbeit lieber geleistet wird als fremdbestimmte, daß wir also in der Welt von morgen um so besser fahren werden, je höher der Anteil der selbstbestimmten Arbeit am gesamten Arbeitsvolumen sein wird.

Dies bedeutet zunächst, daß unser Bestreben dahin gehen sollte, auch der fremdbestimmten Arbeit möglichst weitgehend den Charakter von selbstbestimmter Arbeit zu verleihen, z. B. durch Übertragung von Verantwortung, durch Bildung kleinerer autonomer Gruppen im Betrieb.

Es bedeutet aber vor allem auch, daß wir den Begriff der Arbeit in Hinkunft nicht ausschließlich mit der Erwerbsarbeit assoziieren dürfen. Der Anteil der Lebenszeit, der für Erwerbsarbeit verwendet werden muß, wird in Zukunft zweifellos noch zurückgehen; wir werden auf der einen Seite eine zunehmende Verlängerung der menschlichen Lebenszeit erleben, andererseits wird sich das (über das Leben verteilte) Arbeitsvolumen weiter reduzieren – durch Verkürzung der wöchentlichen Arbeitszeit, Verlängerung der Nicht-Arbeits-Phasen während des Jahres, Einschub von Lernphasen usw. Mit anderen Worten: Wir werden über einen zunehmenden Teil unseres Lebens freier verfügen können als in der Vergangenheit.

Diese Entwicklung hält zwar schon einige Zeit hindurch an, nur haben wir bisher noch nicht viel davon gemerkt, und zwar deshalb, weil gleichzeitig der Anteil der nicht produktiv nutzbaren Freizeit zugenommen hat: Die Verkürzung der wöchentlichen Arbeitszeit wurde durch längere Anfahrtszeiten zwischen Wohnung und Arbeitsplatz kompensiert; auch erfordert, wie bereits früher festgestellt, die bloße Abwicklung unseres höheren Lebensstandards mehr Zeit als das bescheidene Leben früherer Zeiten. Dies muß aber nicht so sein: Wenn wir ein bißchen überlegter mit unserer Lebenszeit umgehen, müßten wir in den kommenden Jahren und Jahrzehnten über mehr freie Zeit verfügen.
Was ließe sich mit dieser zusätzlich gewonnenen Zeit nicht alles anfangen!
Erstens werden wir mehr Dinge tun können, die uns Freude machen – wandern, musizieren, Schach spielen. Wir erleben in den entwickelten Ländern in diesen Jahrzehnten das Entstehen einer eigenständigen Freizeitindustrie.
Zweitens kann, wie schon ausgeführt, ein Teil dieser gewonnenen Zeit dazu verwendet werden, etwas Neues dazuzulernen.
Drittens aber kann die gewonnene Zeit auch für selbstbestimmte Arbeit verwendet werden – Arbeit in Garten und Haus, Arbeit in irgendwelchen Vereinigungen. Bei der Mitwirkung in einem Chor oder Orchester wird klar, wie fließend die Grenzen zwischen Arbeit und Freizeitgestaltung sind.
Hier eröffnet sich ein ungeheuer weites Feld für all jene Tätigkeiten, für die zwar hoher gesellschaftlicher Bedarf besteht, der sich jedoch (noch) nicht in Form einer marktmäßigen Nachfrage niederschlägt.
Wie schon einmal gesagt, sind dies vornehmlich Aufgaben im Bereiche des Umweltschutzes sowie in der Obsorge für Behinderte, Alte und Kranke. Diese Aktivitäten waren bisher noch auf eher kleinere Kreise beschränkt: Malteser-Hilfsdienst, Krankenpflegedienste auf kommunaler Basis, Bauorden, innerhalb derer Jugendliche unentgeltlich Hilfsdienste verrichten.
Der Bedarf an derartigen Dienstleistungen wird in Zukunft stark zunehmen. Im Prinzip stehen uns zur Bewältigung dieser Aufgaben zwei Wege offen: der Ruf nach dem Staat, unweigerlich verbunden mit der Bereitschaft zu höherer Steuerleistung und mit noch mehr Abhängigkeit, oder aber der Weg über individuelle, freiwillige Arbeit bzw. Mitarbeit in nicht-

staatlichen Vereinigungen – je überschaubarer, desto besser und meist auch effizienter.
Es kommt nämlich noch ein Aspekt des Begriffes »Arbeit« hinzu, vielleicht der wichtigste. In seiner »buddhistischen Ökonomie« sagt E. F. Schumacher: »Vom buddhistischen Standpunkt aus gesehen hat die Arbeit eine mindestens dreifache Funktion: einmal muß sie dem Menschen die Möglichkeit geben, seine Fähigkeiten zu benutzen und zu entwickeln; sodann sollte sie ihm helfen, aus seiner Ich-Beschränktheit hinauszutreten, indem sie ihn mit anderen Menschen in einer gemeinsamen Aufgabe verbindet; und schließlich muß sie Güter und Dienstleistungen hervorbringen, die ein anständiges Dasein erlauben.«
Arbeit dient also nicht nur zur individuellen Selbsterfüllung und zum Broterwerb, sondern findet ihren höchsten Sinn eigentlich dort, wo sie die Mitwirkung an einem gemeinsamen Ganzen bedeutet. Diese Funktion zieht sich vom gemeinsamen Erlegen eines Großwildes in der Steinzeit über die aufeinander abgestimmte Arbeit am Bauernhof bis hin zur Menschenkette, mit der im März 1945 zufällig hinzugekommene Passanten spontan das Archiv der Wiener Philharmoniker aus der brennenden Staatsoper retteten. In der Industriegesellschaft ist dieser Aspekt der Arbeit immer weiter in den Hintergrund getreten: Der Handgriff am Fließband, der winzige Teilaspekt in der Büroarbeit in der Großorganisation führen in der Tat zu Sinnentleerung, zu Entfremdung.
Insoferne wäre auch die Gewährung eines Basislohns für jedermann nicht der Weisheit letzter Schluß. Wie Horst Knapp kürzlich aufgezeigt hat, würde ein genereller Basislohn zu einer egoistischen Gesellschaftsordnung führen: Sollen sich die anderen plagen; ich mache, zusätzlich zu meinem Basislohn, nur das, was mich gerade freut.
Ungleich zielführender ist vielmehr jeder Weg, der versucht, Arbeitslosen zu einer Tätigkeit zu verhelfen. Da sowieso öffentliche Mittel zur Existenzsicherung der Arbeitslosen aufgewendet werden müssen, ist es weit klüger, diese dafür auch eine Tätigkeit verrichten zu lassen; nicht nur zur Hebung ihres Selbstwertgefühls, sondern auch, um auf diese Art Bedarfsbereiche besser abdecken zu können, für die keine ausreichende marktmäßige Nachfrage besteht, für die daher öffentliche Gelder sinnvoll eingesetzt werden können. In den USA laufen diese Programme unter der Sammelbezeichnung »workfare«, im Gegensatz zur bisherigen »welfare« (Fürsorge). Auch in Schweden besteht ein Programm, demzufolge jeder

arbeitslose Jugendliche Anspruch auf einen aus öffentlichen Mitteln dotierten Halbzeit-Arbeitsplatz hat.
Die Erfahrungen mit diesem Programm waren allerdings nicht nur positiv. Da es sich bei diesen Halbzeit-Arbeitsplätzen um ganz bestimmte Bereiche handelt, haftet ihnen (ob zu Recht oder zu Unrecht, bleibe dahingestellt) das Odium der (nicht vollwertigen) Beschäftigungstherapie an; Jugendliche, die allzu lange eine solche Tätigkeit ausübten, fanden es anschließend schwer, in ein normales Arbeitsverhältnis überzuwechseln. Daraus resultierte wieder, daß sich diese Jugendlichen erst recht als Fürsorgefälle empfanden. Am zielführendsten dürfte es daher sein, »workfare« mit einer weiteren Ausbildung zu verbinden.

Zusammenfassend: Was die Neuverteilung von Lernen, Arbeit und Freizeit betrifft, stehen wir mitten im Umbruch, im Umdenken, erst am Anfang einer Neuordnung, von der nur gesagt werden kann, daß sie vielfältiger sein wird als das Normensystem der Industriegesellschaft. Davon, wie diese Neuordnung gelingt, wird es abhängen, in welchem Ausmaß die nächste Generation, ja, die nächsten Generationen, ein erfülltes, auch sie selbst befriedigendes Dasein werden erleben können.

11 Lebensgestaltung

Das Lebensglück hängt weder vom angehäuften Reichtum ab noch vom erreichten äußeren Rang, sondern davon, wie sehr es gelingt, ein erfülltes Leben ohne selbst auferlegte Zwänge zu führen. Um zufrieden zu sein, benötigt der Mensch sowohl Annehmlichkeiten des Daseins als auch Anregung.

Aus den USA kommend, ist der Begriff der »midlife-crisis«, der Krise in der Lebensmitte, auch bei uns eingedrungen. Der klassische Fall in den USA: Angestellter, in geachteter Position, mit Frau und zwei Kindern, Haus mit Garten, Auto, gut Freund mit den Nachbarn, sagt: »Ich hole nur schnell noch Zigaretten« und kommt nicht wieder zurück. Entweder man hört überhaupt nie wieder etwas von ihm, oder er wird, Jahre später, durch Zufall entdeckt, als Baumwollpflücker im tiefen Süden.

In Österreich, mit Meldepflicht und behördlichem Papierkram, ist ein solcher Vorfall schwer denkbar. Wenn die Krise nicht in dieser Form sichtbar wird, heißt dies aber noch lange nicht, daß sie nicht auch gegeben sein kann.

Bei Frauen ist sie oft genau datierbar, und zwar mit dem vierzigsten Geburtstag verbunden, der vielen Frauen viel mehr zu schaffen macht als etwa der dreißigste oder fünfzigste Geburtstag. Mit vierzig sind die abwechslungsreichsten Ehejahre vorüber (bei Frauen ohne festen Partner: die Aussicht auf eine lebenslängliche, erfüllte Bindung gering geworden), die Kinder beginnen dem Elternhaus zu entwachsen und ihre eigenen Wege zu gehen; im Beruf ist nicht mehr viel zu erwarten (oder er wurde überhaupt zugunsten der Kinder aufgegeben); alle Jugendträume sind aber noch wach. Dies führt bei vielen Frauen zum tiefen Erschrecken: Soll das nun schon alles gewesen sein in meinem Leben?

Männer erleben die Krise eher latent, als ein zunehmend ungutes Gefühl. Jahrelang nährt man noch die Illusion, im Beruf noch auf höhere Ränge, zu größeren Erfolgen aufsteigen zu können, die Illusion, daß die Kinder jene Ziele, die wir in sie hineinprojizieren, auch tatsächlich erreichen, und daß sich im Leben noch irgend etwas Gewaltiges, Großes, ereignen müßte. Wie es Johann Nestroy, der großartige Menschenkenner, den Weinberl sagen läßt: Eingespannt in sein bürgerliches Dasein, möchte er auch einmal »ein verfluchter Kerl« sein und zieht daher in einem unbewachten Augenblick aus, um sich »einen Jux zu machen«.

Der »verfluchte Kerl« geht ihm zwar heillos daneben, bei Nestroy wird am Schluß aber doch alles wieder gut. In der Realität kann es anders aussehen. In jedem von uns steckt der Wunsch, einmal »ein verfluchter Kerl« zu sein, auszubrechen, über die Stränge zu schlagen, ein Liebling der Frauen zu sein oder ein Rambo, zu dem alle bewundernd aufblicken. Männerträume gehen eher nach Macht und äußerer Bewunderung; Frauen träumen meist davon, das ganz, ganz große Glück, das es doch geben muß, einmal im Leben zu erleben, und danach soll alles andere gleichgültig sein. Daß sich ein Mann eine Freundin hält, eine Ehefrau einen Freund, ist oft nur zurückzuführen auf die Angst, ansonsten womöglich im Leben etwas versäumt zu haben.

Wozu leben wir eigentlich? Was ist der Sinn unseres Lebens?
Diese Frage ist so alt wie die Geschichte des Menschen als homo sapiens; eine einzige, für alle Menschen, für alle Österreicher gleichermaßen gültige und verbindliche Antwort ist noch nicht gefunden und wird wohl nie gefunden werden.

Angenommen, ich lade Sie ein, ein Blatt Papier zur Hand zu nehmen und aufzuschreiben, was Sie sich realerweise für die nächsten Jahrzehnte Ihres Lebens als höchstes Glück wünschen (unter »realerweise« verstehe ich z. B. nicht den Wunsch »ich möchte gern zehn Zentimeter größer sein«). Dann werden viele von Ihnen versucht sein, Traumziele anzugeben: Präsident Ihres Amtes zu werden, einen Haupttreffer in der Lotterie zu machen.

Epikur, bei oberflächlicher Betrachtung als jener Philosoph bezeichnet, der (maßvollen) Lebensgenuß propagiert, hat gesagt: Erfülle einem Menschen seine Wünsche, und du wirst neue Wünsche in ihm erzeugen; nimm ihm seine Begierden, und du wirst ihn glücklich machen.

Oscar Wilde, der große Spötter, hat es drastischer ausgedrückt: Es gibt zwei Arten von Tragödien im menschlichen Leben. Die eine besteht darin, daß man das, was man haben möchte, nicht bekommt; die andere besteht darin, daß man es bekommt. Und dies sind die wahren Tragödien.

In der Tat: Werfen wir doch einen Blick auf jene Menschen, denen das Leben alles geschenkt hat, was man sich nur wünschen kann, etwa auf Marilyn Monroe: Schönheit, Ruhm und Millionen. Ihre ständigen Depressionen führten sie in den Tod. Wie viele Totozwölfer haben – in der Frühzeit des Fußballtotos – die Familien der Gewinner ruiniert! Typischer Fall: Der

Mann vernachlässigte seinen Beruf, nahm eine Freundin, die heranwachsenden Kinder bekamen ein viel zu großes Auto und bauten Unfälle. Seither wird in Österreich von verantwortlicher Seite vorgebaut: Bei allen hohen Gewinnen, insbesondere bei 6 aus 45, wird der Gewinner mit sanfter Festigkeit hinsichtlich der Verwendung des Geldes beraten, ja, bekommt es in Zweifelsfällen nur in Teilbeträgen ausbezahlt. Gewiß, es spielt auch eine Rolle, wie man den Umgang mit Geld gewohnt ist. Beim plötzlichen Erhalt von einer Million mag eine Hilfsarbeiterfamilie durchdrehen, ein – genauso bescheiden lebender – Kleingewerbetreibender aber wird seinen Lebensstandard kaum ändern, sondern das Geld klug investieren.
Es sollte uns aber zu denken geben, daß in Notzeiten Familien, ja, ganze Völker, wie etwa Österreich in den Jahren vor und nach 1945, wesentlich stärker zusammenstanden als in Zeiten des Überflusses. Die Pensionsreform in Österreich ist in dieser Legislaturperiode nicht an der Unfähigkeit der Politiker gescheitert, sondern daran, daß jede Gruppe laut jammernd – mit unzähligen Argumenten – gerade ihre Privilegien für unantastbar erklärte.
Sind wir als Volk heute doppelt so glücklich als vor zwanzig Jahren, als unser Sozialprodukt pro Kopf noch halb so hoch war?
Sicher nicht. Allerdings ist daraus auch nicht der Umkehrschluß zu ziehen, daß man nur arm zu sein braucht, um glücklich zu werden, wie Diogenes, der glücklich war, nicht einmal mehr den Becher zu benötigen, den er als einzigen Gegenstand noch besaß.
Den Schlüssel zum Verständnis liefert uns wieder der schon mehrfach zitierte E. F. Schumacher: »Nicht Wohlstand steht der Befreiung im Wege, sondern Verhaftung an den Wohlstand; nicht die Freude an erfreulichen Dingen ist auszumerzen, sondern die Begierde danach.« Dies sind fast dieselben Worte, wie sie, mehr als zwei Jahrtausende früher, Epikur gebrauchte. Jeder, der sein Herz an etwas hängt, macht sich dadurch unfrei. Ich kann mein Herz an etwas hängen, das ich habe, oder an etwas, das ich haben möchte; in beiden Fällen erzeuge ich damit Unfreiheit und mache mich selbst unglücklich.
Dies gilt nicht nur hinsichtlich Geld und Gut. Der Vater der modernen Politikwissenschaft, der Altösterreicher Karl Deutsch, hat einmal trocken bemerkt: »Es kann nicht jeder Bankdirektor werden.« Ich füge hinzu: Nicht jeder Arzt kann Primar werden, nicht jeder Wissenschaftler Mitglied der Akademie der Wissenschaften, nicht jeder Beamte Sektionschef, nicht je-

der Österreicher Bundespräsident. Auch ist es nicht immer so, daß der jeweils beste Kandidat die höhere Position erreicht (nicht nur aufgrund der in Österreich bisher gegebenen Parteibuchwirtschaft). Dies hat paradoxerweise auch sein Gutes: Wenn jede Position wirklich nach streng objektiven Kriterien vergeben werden könnte, dann müßten sich all jene, die diese Position nicht erreicht haben, als verbrieft minderwertig fühlen.
Aber fragen wir ganz allgemein: Wenn das Lebensglück nicht von Geld und Gut abhängt, soll es dann vom erreichten Rang abhängen? Welche Karrieremöglichkeiten bieten sich dem Notar, dem Landarzt, dem Apotheker, der Trafikantin? Wenden wir das Wort von Schumacher auch hier an: Nicht die Karriere ist es, die der »Befreiung« im Wege steht, sondern das Verhaftet-Sein darin, das stete Karriere-Denken.
Diese »Befreiung« ist ein Grundbegriff der buddhistischen Lehre. Sie bedeutet keineswegs das Streben nach unkontrollierter Freiheit, im Sinne eines sich nicht Einfügens in Ordnungen, im Sinne eines Tun-und-Lassen-Wollens, was einen gerade freut. Es geht darum, sich dadurch zu vervollkommnen, daß man frei wird von selbst auferlegtem Zwang. Diese Befreiung kommt zum Ausdruck in Hiobs Wort »Der Herr hat gegeben, der Herr hat genommen, der Name des Herrn sei gepriesen«. Diese Befreiung kommt zum Ausdruck bei Epikur und bei Schumacher.
Zurück zur Karriere: Selbstverständlich soll jeder bestrebt sein, in seinem Beruf (aber auch in seinem Familienleben, in seinem Freundeskreis) sein Bestes zu geben. Aber es wäre töricht, das ganze Lebensglück an ein einziges Ziel zu hängen.
Jeder Mensch, der sein Leben auf ein einziges Ziel hin ausrichtet – in seiner Firma Direktor zu werden, ein Haus mit Garten zu erwerben, sein Kind zur Matura mit Auszeichnung zu bringen – ist in dreifacher Hinsicht zu bedauern.
Erstens lebt er in ständiger Angst, im ständigen Bangen, ob ihm dieses Ziel wohl gelingen werde.
Zweitens trifft sehr oft der Ausspruch von Oscar Wilde zu, daß sich das Erreichen des (einzigen) Lebenszieles als die eigentliche Tragödie herausstellt. Kaum Direktor geworden, kann es passieren, daß die Firma in die roten Zahlen gerät, und es wird Ihnen angelastet, obwohl Sie nichts dafür können. Das Haus ist eine Quelle ständigen Ärgers, und Ihr Kind sagt sich von Ihnen los, gerade weil es genug hat von dem Druck, den Sie jahrelang ausgeübt haben.

Der dritte Umstand, warum man im Leben nicht alles auf eine Karte setzen sollte, ist in meinen Augen der wichtigste. Sich ausschließlich in einer einzigen Rolle zu sehen, bedeutet nämlich eine Verengung, eine Verarmung des eigenen Lebens.

Wir alle neigen dazu, jeden Menschen nur in jener Rolle zu sehen, die der betreffende Mensch für uns spielt. Wir sind befremdet, einen Minister oder unsere Milchfrau im Strandbad anzutreffen; für uns gehört die Milchfrau ins Geschäft und der Minister in den Fernsehapparat. Fürs dreijährige Enkelkind ist aber der Minister einfach der Opa (und sonst nichts), die Milchfrau die Oma (und sonst nichts).

Als wir halbwüchsige Kinder waren, zerbrachen wir uns den Kopf, welches Küchengerät wir unserer Mutter zu Weihnachten oder zum Geburtstag schenken könnten, denn das war die Funktion, in der wir sie sahen. Dieser Irrtum ist nicht nur auf Kinder beschränkt: Eine hochgeachtete wissenschaftliche Institution lud kürzlich einen (neuen) Nobelpreisträger ein, den Festvortrag anläßlich eines besonderen Jubiläums zu halten, und war bitter enttäuscht, daß er in diesem Festvortrag nichts Epochemachendes, Neues, nochmals Nobelpreisverdächtiges sagte.

Gerade in der Reduktion auf eine einzige Rolle, auf ein einziges Klischeebild liegt eine der Hauptwurzeln für das Gefühl der Sinn-Leere des menschlichen Lebens. Wir alle kennen diese Menschen, die an nichts anderes denken, die über nichts anderes reden können als über ein einziges Gebiet. Hierher gehört nicht nur der Künstler, der auf seine eigene Malweise fixiert ist, hierher gehört genauso die Mutter, die sich ausschließlich auf ihr (einziges) Kind konzentriert und sich lebenslänglich verzweifelt an dieses Kind klammert, auch wenn es schon längst erwachsen geworden ist.

Das Wort »persona« bedeutet im antiken Schauspiel die Maske des Schauspielers, durch die er hindurchtönt (per-sonare). Jeder von uns sollte also bestrebt sein, sich selbst als mehrere »personae« zu sehen, in mehr als einer Rolle. Der Schauspieler, der nur eine Rolle beherrscht, ist mit dieser Rolle auf Gedeih und Verderb verbunden; der Schauspieler, der in mehreren Rollen seinen Mann oder seine Frau stellt, ist nicht nur unabhängiger, sondern hat auch ein reicheres Leben.

Gerade diesbezüglich ist Österreich anderen Ländern gegenüber weit überlegen, ist bei uns daher auch die midlife-crisis weit weniger ausgeprägt als anderswo. Schon unser Schulsystem sorgt für eine vielfältige Erziehung, die auch eine Hinführung zu verschiedenen Formen kultureller Betätigung einschließt. In der Tat ist der Prozentsatz jener Österreicher, die nur auf eine Rolle fixiert sind, weit geringer als in anderen Ländern. Ein Minister, der daneben Dirigent eines Stadtorchesters ist, ein Generaldirektor, der Jugendmeister im Tennis war und der hervorragend Klarinette spielt, sind in Österreich eher die Regel als die Ausnahme.

Nur um allfälligen Mißverständnissen vorzubeugen: Es geht nicht darum, Karrieresucht von einem Gebiet auf mehrere zu übertragen. Es geht darum, auf verschiedenen Gebieten gleichzeitig Lebensfreude zu finden. Wenn Sie neben Ihrem Beruf noch in einem Klub oder Verein aktiv sind, wenn Sie irgend etwas sammeln, wenn Sie sich immer wieder systematisch Zeit nehmen, sich Ihren Kindern zu widmen, dann wird es Ihnen weit weniger ausmachen, wenn nicht Sie Direktor geworden sind, sondern ein anderer. Es fällt Ihnen dann auch leichter, dies von der positiven Seite zu sehen: Als Direktor müßten Sie sich viel stärker »hineinhängen«; so bleibt Ihnen mehr freie Energie und Zeit für Ihre Kinder und den Schachklub.

Diese Problematik geht tiefer als das hämische Sprichwort vom Fuchs, der die Trauben, weil er sie nicht erreichen kann, als »zu sauer« bezeichnet. Es geht um die grundlegende Erkenntnis, daß das ständige Streben nach irgendwelchen Trauben nicht ein sinnvolles Lebensziel darstellen kann.

Dies sei noch genauer beleuchtet:

Der österreichische Publizist Horst Knapp hat einmal ausgerechnet, daß, wenn jede österreichische Familie ein Häuschen mit 2 000m^2 Grund ihr eigen nennen könnte – wäre das denn nicht ein erstrebenswertes Ziel? –, wir überhaupt kein Ackerland mehr zur Verfügung hätten. Eine ständige Vermehrung des Besitzstandes aller sei also nicht möglich. Daher, so behauptet eine Denkschule der Nationalökonomie, strebe der Mensch um so mehr nach irgendwelchen Statussymbolen, danach, seine Mitmenschen hinsichtlich der Anhäufung sogenannter »positionaler Güter« zu übertreffen: wertvolle Bilder, Druckgraphiken, Bücher, Stilmöbel. Das Streben des Briefmarkensammlers gehe dahin, immer mehr seltene Marken zu erwerben. Also bliebe uns erst recht nichts anderes übrig, als daß jeder bestrebt sein müsse, möglichst viel Geld zu verdienen, um möglichst viele seltene Briefmarken, Bücher, Bilder anhäufen zu können.

Lieber Leser, falls Sie ein Sammler sind, werden Sie mir vermutlich Recht geben, daß das Schönste am Sammeln das Sammeln selbst ist! Das heißt: Das Suchen nach bestimmten fehlenden Stücken ist das Schöne; der Besitz wird letztlich mehr zur Last als zur Freude. Um beim Beispiel des Markensammelns zu bleiben: Angenommen, Sie sammeln Marken aus dem Österreich der Zwischenkriegszeit und erben unerwartet von einem entfernten Onkel eine komplette Sammlung, einschließlich Dollfuß-10-Schilling-Marke und WIPA-Block; gehen Sie dann für den Rest Ihres Lebens mit selig verklärter Miene umher, da Sie Ihr Ziel ja erreicht haben?

Diese Problematik hat Erich Fromm in seinem hervorragenden Buch »Haben und Sein« eingehend diskutiert. Es geht nicht ums Haben; es geht zunächst um die Freude am Weg, die Freude am Suchen, die Freude an der schrittweisen Vervollkommnung; es geht vor allem aber darum, welche Gesamt-Persönlichkeit Sie sind. Wenn wir von jemandem sagen, er sei ein wertvoller Mensch, dann meinen wir damit weder die Höhe seines Bankkontos noch die Größe seiner Villa oder seiner Markensammlung; wir meinen ihn selbst, insbesondere die Weise, wie er uns entgegentritt.

Gibt uns dies nicht einen entscheidenden Hinweis darauf, wie auch wir unser Leben gestalten sollten, damit auch andere von uns sagen: Das ist ein wertvoller Mensch?

Was braucht der Mensch überhaupt? Wonach strebt er?

In seinem herrlichen Buch »The Joyless Economy« hat der – auf ein erfülltes Leben zurückblickende – Ökonom Tibor Scitovsky gesagt: Der Mensch strebt nicht nach Konsummaximierung; der Mensch ist mehr als ein Einkaufswägelchen. Der Mensch strebt vielmehr eigentlich nur nach zwei Dingen, und zwar einerseits nach »comfort« (also angenehmem Dasein) und »stimulation« (Anregungen). »Comfort« allein genügt nicht. Sicher, der eine gewichtet »comfort« höher, der andere »stimulation«; auch wird in der Jugend »stimulation« höher bewertet, im Alter »comfort«, aber wir sind eigentlich zeitlebens um beides bemüht. Manchmal besteht geradezu ein Widerspruch: Stimulation entsteht nämlich vielfach durch Veränderung des Komfort-Niveaus. Während des Joggens, während einer anstrengenden Bergtour, ist von Komfort keine Rede, und doch genießen wir die Stimulation. Sich im Urlaub in einen engen Wohnwagen zu zwängen, um auf überfüllten Campingplätzen in der Hitze zu schmachten, könnten wir vom Standpunkt des Komforts aus in einem netten Hotel bequemer und billiger haben. Aus diesem Beispiel geht hervor, daß ein und dieselbe Sache nur so lange Stimulation bedeutet, als sie die Ausnahme und nicht die Regel ist! Müßten wir elf Monate des Jahres im kleinen Wohnwagen hausen und nur einen Monat in unserer (mit allem Komfort ausgestatteten) Wohnung, wären wir bestimmt nicht glücklich. Dies gilt auch für Stimulation durch Veränderung des Komfort-Niveaus nach oben: Täglich in einem Nobelrestaurant ein achtgängiges Gourmet-Menü zu konsumieren, bedeutet keine Anregung mehr.

Für den südländischen Verkäufer geht es um die mit dem Feilschen, mit dem Verkaufsgespräch verbundene Stimulation; der Amerikaner versteht nicht, warum ihn der Südländer verachtet, wenn er den ersten geforderten Preis zahlt. Das Verkaufsgespräch, die wissenschaftliche Diskussion, der Tratsch alter Bäuerinnen haben dieselbe Funktion – Stimulation durch zwischenmenschliche Beziehungen. Vom Standpunkt des blutleeren »homo oeconomicus« aus ist dieses Verhalten irrational, nach Scitovsky jedoch zutiefst rational.

Diese von Tibor Scitovsky ausformulierte Theorie erklärt vieles. Sie erklärt, wieso das Suchen nach einer bestimmten Briefmarke, nach einem bestimmten seltenen Graphik-Blatt so schön ist (»stimulation«); sie erklärt, wieso manche wohlhabende Familie ihre Drittwohnung wieder abstößt, weil sie schon mehr Last als Freude am Besitz bedeutet, der Komfort der Familie also erhöht wird, wenn man sich nur um zwei Wohnungen statt um drei zu kümmern braucht.

Und wenn Ihnen, lieber Leser, all dies noch nicht genügt, um zu wissen, wie Sie sich in einer gegebenen Situation entscheiden sollen, verrate ich Ihnen noch drei Kriterien, die mir schon oft gute Dienste geleistet haben. Das erste: So oft Sie sich mit einer Entweder-Oder-Situation konfrontiert sehen, überlegen Sie, ob nicht ein Sowohl-Als-Auch ebenfalls möglich wäre. Hiezu ein Beispiel: Mein (von mir hochverehrter) Klavierlehrer meiner Gymnasialzeit erzählte mir, daß er von klein auf Musiker werden wollte. Sein Vater bestand darauf, daß er ein »anständiges« Studium absolvierte, da die Musik eine zu unsichere Lebensbasis darstelle. Er lief keineswegs von zu Hause weg, sondern studierte gleichzeitig Jus und Klavier, promovierte zum Doktor iuris, wurde hauptberuflich Klavierlehrer und Konzertpianist und schließlich Professor an der Musikhochschule in Graz.

Wenn Sie dieses Kriterium bewußt einsetzen, werden Sie erstaunt sein, wie viele Situationen es gibt, in denen sich tatsächlich eine Verbindung (scheinbar) widersprüchlicher Zielsetzungen finden läßt. Selbstverständlich gibt es auch viele Entscheidungssituationen, in denen dies nicht möglich ist. So ist Bigamie (mit gutem Grund!) verboten; auch kann man keine

Arztpraxis im Waldviertel betreiben und gleichzeitig nach Australien auswandern.

Damit komme ich zum zweiten Kriterium: In solchen prinzipiellen Entscheidungssituationen sollte man sich darüber im klaren sein, daß es falsch wäre, nur einzelne Aspekte miteinander zu vergleichen; es ist vielmehr notwendig, jede der Alternativen als Gesamtpaket zu sehen. So kommt es immer wieder vor, daß eine Ehefrau und Mutter alles stehen läßt und mit einem Zirkusreiter-Typ durchgeht. Sie sieht – fälschlicherweise! – an der Alternative nur die Aspekte »Freiheit« und »Liebe«, aber nicht alles andere, was mit dem neuen Weg im Gesamtpaket untrennbar verbunden ist.

Gott sei Dank ereignen sich derartige Grundsatzentscheidungen im Leben relativ selten. Viel häufiger sind Entscheidungen des täglichen Lebens, in denen wir unsicher sind. Es ruft eine Jugendliebe an, der (oder die) gerade auf kurze Zeit nach Österreich zurückgekehrt ist und mit Ihnen allein abendessen gehen möchte. Oder: Heute abend ist das alljährliche Maturatreffen Ihrer Klasse, Ihr Kind hat aber eine leichte Grippe. Oder: Sie wollen gerade noch ein paar Briefe schreiben, da kommt Ihr Kind und bittet Sie, mit ihm zu spielen.

Auf Fälle dieser Art ist mein drittes Kriterium anwendbar, das ich als 70-Jahr-Kriterium bezeichne: Stellen Sie sich vor, sie blicken von Ihrem siebzigsten Geburtstag auf den heutigen Tag zurück – welche der beiden Alternativen würden sie dann wohl rückblickend als die richtige angesehen haben?

Damit Sie nicht glauben, der Autor dieser Zeilen sehe sich selbst als ein allweises, von keinerlei Fehl behaftetes Wesen an, füge ich jenes Erlebnis hinzu, das mich zu meinem 70-Jahr-Kriterium gebracht hat. Es sollte der dritte Geburtstag meines Kindes gefeiert werden; gerade an jenem Abend aber wollte ich noch eine dringende Arbeit im Büro abschließen. Meine Frau sagte am Telefon, das Kind müsse ins Bett, also müsse sie ihm seine Geschenke wohl ohne mich geben. Als ich dann heimkam und der Kleine schon schlief, sagte sie mir: »Du hättest das Leuchten in seinen Augen sehen sollen, als er das Dreirad erblickte und ungläubig fragte: ›Das gehört mir?‹«

Die »wichtige« Arbeit im Büro habe ich längst vergessen; ich werde aber nie vergessen, daß ich dieses Aufleuchten der Augen meines Kindes aufgrund einer Fehlentscheidung unwiederbringlich versäumt habe.

Es gibt viele Sinnsprüche, die der Gestaltung des eigenen Lebens zugrunde gelegt werden können. Einer der meist zitierten, der sich (in unterschiedlichen Versionen) oft auf Kalenderblättern findet und auch verschiedenen Autoren zugeschrieben wird, lautet: Gott gebe mir die Kraft, das Veränderliche zu verändern; die Demut, das Unveränderliche anzunehmen; und die Weisheit, das eine vom anderen zu unterscheiden. Das Unveränderliche anzunehmen, wird im nächsten Abschnitt noch zu diskutieren sein. Hier sei nur noch hinzugefügt, daß es auch stark darauf ankommt, wie wir uns den Gegebenheiten unseres Daseins gegenüber einstellen. Es gibt die schöne Unterscheidung: Der Pessimist sieht eine Flasche halbleer, der Optimist sieht dieselbe Flasche halbvoll. Denken wir ständig an die leere Hälfte der Flasche, ist unser Dasein voll der Trübsal; sehen wir all das, was in der halbvollen Flasche enthalten ist, dann kann dasselbe Leben ein Leben voll der Freude sein.

Und noch ein Letztes. Ein von mir zurechtgestutztes Sprichwort lautet: Man soll den Tag nicht vor dem Abend tadeln. Wie oft geschieht es, daß wir der Meinung sind: Jetzt ist uns etwas gründlich danebengegangen, haben wir eine Zurücksetzung erfahren, haben wir wieder einmal richtig Pech gehabt. Lieber Leser, warten Sie ab. In unzähligen Fällen stellt sich heraus, daß gerade dieses »Pech« für Sie ein großer Segen war. Wieder ein persönliches Beispiel: Nach Abschluß meiner Studien wollte ich unbedingt Versicherungsfachmann werden, habe aber den von mir angestrebten Posten nicht erhalten. Hätte ich ihn erhalten, wäre mein Leben weit weniger bunt verlaufen (und wäre wohl auch dieses Buch nicht geschrieben worden!).

Eine allerletzte Bemerkung: Für den Fall, daß eine Leserin dieses Abschnittes der Auffassung wäre, all dies sei zu sehr durch eine männliche Brille gesehen, möchte ich noch – quasi als Anhang – jene siebzehn Lebensregeln hinzufügen, die eine mitten im Leben stehende Österreicherin unserer Zeit, die Psychologin Gertraud Czerwenka-Wenkstetten, vor wenigen Jahren veröffentlicht hat – Lebensregeln, die durchaus als Zusammenfassung dessen verstanden werden können, was ich im Vorhergehenden mit ungleich größerem Aufwand an Worten gesagt habe.

1. Liebe und pflege deinen Körper und Geist, damit sie dir und den anderen zur Freude und nicht zur Last werden.
2. Pflege deine Lust zu spielen.
3. Sei neugierig und höre nie auf zu lernen.
4. Sei so frei, wie es Bedürfnisse und Grenzen des anderen erlauben.
5. Erwirb so viel, wie die dir Anvertrauten und du brauchen, und nicht mehr.
6. Erkenne Angst und Gewalt in Vorstellung, Bild und Tat und verhindere sie.
7. Sei vom Geschick anderer betroffen.
8. Stehe denen bei, die verzweifeln und sich selbst schädigen.
9. Beachte, erkenne und achte die, die anders sind als du, statt sie dir anzupassen, zu schädigen oder zu verfolgen.
10. Behüte und gestalte deine Umwelt, statt sie zu unterwerfen und auszunützen.
11. Fühle dich für die Zukunft verantwortlich.
12. Gib deinen Kindern deine Nähe, deine Zeit und dein Wissen.
13. Entlasse die aus deiner Obhut und Verantwortung, die selbständig geworden sind (Anregung von Hans Strotzka).
14. Lasse deine Nachkommen besser nicht entstehen, wenn du sie fahrlässig zeugst und nicht, beiläufig oder unverbindlich, begleitest, solange sie dich brauchen.
15. Zeige nur denen deine Wunden, die dir heilen helfen.
16. Krise und Tod sind Wende und Wandlung. Fürchte dich nicht.
17. Schaue aus deiner engen Welt hinaus auf ein übergeordnetes System, das du mit deinem Verstand nicht ergründen kannst und das dir beisteht, deine Grenzen zu finden.

(Quelle: »Die Zukunft Österreichs – das Leben im Jahr 2019«, Verlag Orac, 1984.)

12 Älterwerden

Jede Periode des Lebens hat ihre positiven Seiten; man muß sie allerdings gezielt zu finden wissen. Je breiter die Interessen, desto geringer der Pensionsschock. Man sollte sich nicht dagegen wehren, älter zu werden, sondern die Aufgabenbereiche der jeweiligen Altersstufe anpassen.

Suche nachts nicht die Sonne;
freue Dich an den Sternen.

Die alte Scherzfrage: Was möchte jeder werden und keiner sein? Antwort: Alt.

Wenn es richtig ist, daß wir alle alt werden wollen – wie wollen wir dann unser »Älterwerden« erleben?

Im Prinzip gibt es drei Wege:

Der eine besteht darin, das Älterwerden nicht wahrhaben zu wollen, uns jugendlicher zu geben als wir sind, also uns selbst zu betrügen. Dieser Weg muß danebengehen, muß früher oder später zu einem bösen Erwachen führen.

Der zweite besteht darin, im Sinne des am Schluß des vorangegangenen Abschnittes zitierten Wortes das Älterwerden als etwas Unvermeidliches in Demut zu akzeptieren. Dieser Weg ist schon besser.

Der dritte Weg aber besteht darin, sich auf das Älterwerden aktiv einzustellen, sich darauf einzustellen, daß jede Phase des Lebens ihre positiven und ihre negativen Seiten hat, und daß jede dieser Phasen entweder als halbleere oder als halbvolle Flasche gesehen werden kann.

Es gibt Menschen, vor allem Frauen, von denen wir das Gefühl haben, daß sie erst in hohem Alter zu ihrer eigentlichen Schönheit gefunden haben. Oft wissen wir, was diese Menschen in ihrem Leben an Schwerem mitmachen mußten, und dennoch strahlen sie eine Ruhe aus, eine Überlegenheit über alle Unzukömmlichkeiten des Daseins, wie dies ein Jüngerer nicht fertigbringt. Es sind dies Menschen, die nicht in einer früheren Phase des Lebens seelisch hängengeblieben sind, die jede neue Phase als eine weitere Epoche eines Reifungsprozesses erlebt haben, die sich jeweils voll auf die neue Phase eingestellt haben.

Wenn das in Österreich so verbreitete Alpinschifahren schon zu riskant geworden ist, kann man auf Langlaufen übergehen, auf Tourenschilauf, eines späteren Tages auf winterliche Spaziergänge, und sieht jedesmal

Neues, was einem vorher verborgen geblieben war; wenn man nur will, kann man jeder dieser neuen, dem jeweiligen Lebensalter gerechten Aktivitäten deren positive Seite abgewinnen. Wenn Sie in Ihrer Sturm-und-Drang-Zeit beim Heurigen auf fünf Vierteln geeicht waren, brauchen Sie dem nicht nachzuweinen, wenn Sie in vorgerückterem Alter von Quantität auf Qualität umsteigen – vielleicht nur ein Glas, aber das von einer ausgesuchten Marke.

Ja, man sollte sich nicht auf die Fuchs-Trauben-Sauer-Methode beschränken: Das Langlaufen ist ohnehin gesünder als die Abfahrt, das Spazierengehen ist ohnehin weniger anstrengend als der Langlauf. Versuchen Sie bewußt, mit zunehmendem Alter neue Aktivitäten zu setzen, neue Interessen zu entwickeln. Besonders wichtig ist die Entwicklung neuer Interessen für jene Elternteile (meist also Frauen), die der Kindererziehung zuliebe ihren Beruf aufgegeben haben, sich jahrelang ausschließlich der Kindererziehung gewidmet haben und denen die Kinder eines Tages, meist ziemlich abrupt, entwachsen sind. Eine Wiedereingliederung in einen Vollberuf stößt heute noch auf erhebliche Schwierigkeiten. Dies ist um so unverständlicher, als ein Mensch in reiferen Jahren eine ihm übertragene Aufgabe im allgemeinen wesentlich verantwortungsbewußter und verläßlicher zu erfüllen bereit ist. Eventuell kommt eine Teilzeittätigkeit in Frage; wenn man nicht auf den Verdienst angewiesen ist, gibt es unzählige selbstbestimmte Tätigkeiten – Umweltgruppen, karitative oder kulturelle Vereinigungen, oder man erfüllt sich einen schon lange gehegten Lernwunsch.

Daß es auch für Menschen, die voll im Berufsleben stehen, wichtig ist, sich zusätzliche Interessen zu schaffen, wurde schon im vorigen Abschnitt beleuchtet. Dies ist besonders wichtig als Vorbereitung auf den Zeitpunkt der Pensionierung, der für viele, die nicht rechtzeitig vorsorgen, einen Pensionsschock auslöst: Heute noch der großmächtige Herr Direktor, morgen ein Niemand. Im öffentlichen Dienst ist es das Erreichen des 65. Lebensjahres, mit dem man in Pension gehen muß, ob man will oder nicht, ob man noch kerngesund ist oder nicht; in manchen Großfirmen ist für verantwortliche Posten schon eine frühere Pensionierung vorgesehen. Der ungleich sinnvollere Weg, in den letzten Jahren vor der Pensionierung auf eine weniger anstrengende Tätigkeit überzugehen, vielleicht nur noch auf einen Teilzeitposten, ist in Österreich noch kaum verbreitet, nicht zuletzt aufgrund unseres Sozialversicherungssystems, das die Pensionshöhe von den Beitragszahlungen in den letzten Jahren vor der Pensionierung abhängig macht (in der Bundesrepublik Deutschland etwa wird das gesamte Erwerbsleben zugrunde gelegt). Der Anteil der Teilzeitbeschäftigten beträgt in Schweden 25 Prozent, in Großbritannien 22 Prozent, in der BRD 13 Prozent, in Österreich aber nur 7 Prozent!

Andererseits ist Österreich aber das Land mit der allerhöchsten Quote von Frühpensionisten. Von den 60- bis 64jährigen Männern sind in Japan noch 72 Prozent aktiv, in Norwegen 71 Prozent, in den USA 54 Prozent, in der BRD 33 Prozent, in Österreich aber weniger als 16 Prozent. Für Frauen lauten die entsprechenden Ziffern (Altersgruppe 60 bis 64): Japan 39 Prozent, Norwegen 48 Prozent, USA 33 Prozent, BRD 11 Prozent, Österreich 5,6 Prozent. Auf die volkswirtschaftliche Problematik, daß wir uns angesichts der zunehmenden Lebenserwartung diesen Luxus nicht mehr lange werden leisten können, wurde bereits in den »Megatrends« eingegangen. An dieser Stelle sei nur vermerkt, daß das Problem einer Pensionierung in (relativ) jungen Jahren, den eben zitierten Ziffern zufolge, in Österreich weit mehr Bedeutung hat als in anderen vergleichbaren Ländern. Ob mehr oder weniger freiwillig, findet sich ein besonders hoher Prozentsatz der Österreicher in durchaus noch rüstigem Alter mit einer lebenslänglich gewährten Pension. Wer schon vor der Pensionierung andere Interessen hatte, dem gelingt meist ein problemloser Übergang; aber auch für ihn tritt plötzlich eine Situation mit ungleich mehr verfügbarer Zeit ein. Entsinnen wir uns der drei Haupttätigkeiten des Menschen – Lernen, Arbeit und Freizeit genießen –, und entsinnen wir uns ferner der Hauptfunktionen der Arbeit, von denen die Erwerbsfunktion nunmehr weggefallen ist. Was läßt sich mit einer Kombination von Lernen, selbstbestimmtem Arbeiten und Freizeitvergnügen nicht alles anfangen!

So ist das »Seniorenstudium« keineswegs als Schrulle für Sonderlinge zu betrachten. Freuen wir uns, daß wir vielen alten Menschen die Möglichkeit gewähren können, endlich das lernen zu dürfen, wofür sie bisher nicht die Zeit oder die Gelegenheit hatten. Auch Freizeitvergnügungen, soweit im Alter noch möglich, seien unseren Senioren von Herzen vergönnt. Immer mehr kommen gemeinsame Ausflugsfahrten, ja sogar Weltreisen von Seniorengruppen auch bei uns in Mode, abgestimmt auf Menschen, die nicht mehr auf ein tägliches 16stündiges Besichtigungsprogramm erpicht sind. Wozu wir aber ein gespaltenes Verhältnis haben, das ist der Gedanke, daß, wie schon einmal kurz gestreift, auch der alte

Mensch ein Recht auf Arbeit und nicht das Gefühl haben sollte, zum alten Eisen geworfen worden zu sein, nicht mehr gebraucht zu werden. Unter »Arbeit« seien in diesem Zusammenhang all jene selbstbestimmten Tätigkeiten verstanden, die wenig Anstrengung und Kraft, aber viel Reife und Lebenserfahrung erfordern, vornehmlich also alles, was mit der Betreuung von Mitmenschen zusammenhängt.

Als ein besonders erfolgreiches Beispiel einer organisierten Betreuung älterer Menschen durch (hauptsächlich) ältere Menschen sei das sozialmedizinische Zentrum Unterpenzing (SMUP) genannt. Das Ziel von SMUP ist es, sicherzustellen, daß Menschen in Not nicht aus finanziellen Gründen oder Vereinsamung ihren vertrauten Lebensraum verlassen müssen. Das Hilfsangebot umfaßt Betreuung in Krankheitsfällen, Besuche bei älteren und alleinstehenden Menschen, Erledigung von Behördenwegen, Begleitung zu Arztbesuchen, Einkäufe, Essen kochen oder wärmen, gemeinsames Spazierengehen. All dies wird geleistet von einigen wenigen Ärzten, von etwa 400 unterstützenden Mitgliedern, die einen Monatsbeitrag von 50 Schilling leisten, und etwa 100 freiwilligen Helfern, meist Pensionisten, die damit ihrer eigenen Vereinsamung vorbeugen und sich selbst einen neuen Lebensinhalt gegeben haben. Zum Unterschied von den sozialen Diensten der Gemeinde Wien, im wesentlichen Heimhilfe und Besuchsdienst, ist SMUP im Bedarfsfall Tag und Nacht einsatzbereit. Den Ärzten von SMUP ist es sogar in vielen Fällen gelungen, bei Patienten im Pensionsalter, die aus Einsamkeit in Krankheitssymptome geflüchtet waren, gerade dadurch die Krankheitssymptome wieder zum Verschwinden zu bringen, daß sie ihnen im Rahmen von SMUP zu einer aktiven Tätigkeit verhalfen.

Es wäre ein großes Mißverständnis, wollte das bisher Gesagte dahingehend interpretiert werden, daß man sich mit dem Tag der Pensionierung sofort in neue, aufreibende Aufgaben stürzen sollte. Nein, es geht darum, in jeder Phase des menschlichen Daseins einen dieser Phase entsprechenden Inhalt, einen dieser Phase entsprechenden Sinn zu finden. Man sollte daher richtigerweise mit zunehmendem Alter, mit dem Nachlassen der Spannkraft, auch seine Agenden schrittweise reduzieren. Hermann Hesses »Siddharta« begibt sich bewußt von einer Stufe der Betriebsamkeit auf eine immer niedrigere, bis zum einfachen Fährmann, und auch auf dieser Stufe schult er noch zu Lebzeiten seinen Nachfolger ein, um sich entbehrlich zu machen und um bei seinem Abgang aus dieser Welt keine Lücke zu hinterlassen. Diokletian, einer der größten unter den römischen Kaisern, zog sich im Vollbesitz seiner Kräfte aus den Regierungsgeschäften zurück – nicht als weltflüchtiger Büßer wie Karl V., sondern um anschließend nur noch in Notfällen von seiner Autorität Gebrauch zu machen. Kluge Unternehmer klammern sich nicht bis ins hohe Alter an ihr Werk, sondern übertragen noch zu Lebzeiten die Entscheidungsbefugnisse an die nächste Generation.

Diese Maxime läßt sich durchaus auch auf den Privatbereich übertragen. Ich sammle Anker-Steinbaukasten; gut die Hälfte meiner Sammlung verdanke ich einem (damals) fast 90jährigen Herrn, der mehrere Kinder und Enkelkinder hatte, von denen aber keines an der Fortführung der Sammlung interessiert war. Also suchte er einen geeigneten Nachfolger, dem er, nachdem er ihn gründlich auf seine Eignung geprüft hatte, seine Sammlung verkaufte. Eine parallele, noch viel deutlichere Geschichte aus der Bundesrepublik Deutschland: Einer der größten Anker-Sammler fand in einem jungen Gymnasiallehrer den würdigsten Nachfolger; dieser hatte aber eben eine Familie gegründet und überhaupt kein Geld. Also schenkte ihm der alte Herr, als seine Hände zum Bauen zu zittrig geworden waren, seine Sammlung. Er erlebte die Freude und Genugtuung, daß sein Nachfolger die herrlichsten Bauten errichtete und seinem Gönner, solange dieser lebte, die schönsten Fotografien dieser Bauten schickte.

Gibt es für die vielen Dinge, an denen Sie hängen, für die Sie aber heute keine Verwendung mehr haben, nicht jemanden in Ihrer Familie, in Ihrem Freundeskreis, dem Sie damit eine Freude machen könnten? Sicher, Sie können all dies in Ihrem Testament als Legat vorsehen. Aber nach Ihrem Tode erleben Sie weder die Freude des Empfängers mit, noch die eigene Freude, etwas geschenkt zu haben, jemandem eine Freude bereitet zu haben.

Damit sind wir beim Unveränderbaren, das, dem Sinnspruch zufolge, in Demut zu tragen ist. Gewiß, man kann das biologische Älterwerden durch kluge Lebensführung verzögern, aber nicht verhindern. Auch beim Gesündesten von uns stellen sich mit der Zeit körperliche Unzukömmlichkeiten oder Gebrechen ein, entweder schleichend oder schlagartig, etwa als Folge eines Unfalls.

Spätestens an diesem Punkt des menschlichen Lebens scheiden sich die Geister.

Es gibt die einen, die glauben, daß sie sich mit ihrem Gebrechen, ihrer Krankheit, interessant machen. Sie schildern mit Wonne, wie hart es sie doch getroffen hat, und merken gar nicht, wie sehr sie damit nur ihre Gesprächspartner, die ihnen ins Gesicht hinein Teilnahme zeigen, abstoßen. Dies löst einen Teufelskreis aus: Je mehr sich die Umgebung von diesen Menschen zurückzieht, desto mehr flüchten sie in ihre Beschwerden, um sich noch interessanter zu machen. Es wird diesen Menschen nicht bewußt, daß ihre zunehmende Vereinsamung zu einem guten Teil auf ihr eigenes Verhalten zurückzuführen ist! Die Wartezimmer der Ärzte sind voll mit alten Leuten, denen eigentlich nichts Besonderes fehlt und die einander in der Schilderung ihrer Beschwerden zu übertrumpfen versuchen. Oft sprechen zwei oder drei gleichzeitig aufeinander ein, ohne dem anderen überhaupt zuzuhören. Es wäre zu simpel, zu sagen, daß »die Gesellschaft« diesen Mitmenschen etwas schuldig geblieben sei, denn wer ist schon die Gesellschaft?

Es gibt genügend andere alte Mitmenschen, die – in objektiver Sichtweise – nicht gesünder und nicht kränker sind, die genausowenig Verwandte oder Freunde haben, jedoch rundherum herzlich gerne angenommen sind – einfach, weil sie sich nicht bei jedem Zusammentreffen mit anderen bedauern lassen wollen. Ich hatte eine liebe alte Ruftante, die kein leichtes Leben hinter sich hatte. Die große Liebe, die sie in ihrer Jugend mit dem Bruckner-Schüler Göllerich verbunden hatte, war unerfüllt geblieben. Den beiden war ein Musiker-Dasein zu unsicher erschienen, um darauf eine Familie zu gründen. Sie war unverheiratet geblieben, mußte sehr sparsam leben, war jedoch stets frohen Mutes. Als sie im Alter von neunzig Jahren in ein Altersheim zog, verschenkte sie systematisch all das, was sie nicht mitnehmen konnte. Ein Jahr später wurde sie von einem Auto niedergestoßen und erlitt einen Oberschenkelbruch. Den Ärzten, die zögerten, in ihrem Alter den Oberschenkel zu nageln, sagte sie munter: »Der liebe Gott wird schon wissen, ob er mit mir noch etwas vorhat.« Sie ließ sich den Oberschenkel nageln, lernte mit Stöcken zu gehen und lebte noch, stets guter Dinge, ein paar Jahre weiter, bis sie friedlich entschlief.

Im Vorwort hatte ich gesagt: Dieses Buch ist nicht für diejenigen geschrieben, die ein besonders schweres Schicksal zu tragen haben. Ein Art von schwerem Schicksal bleibt aber kaum einem von uns erspart, nämlich liebe, nahestehende Menschen durch den Tod zu verlieren. Insbesondere ist es das Schicksal fast jeder Ehe, daß ein Teil den anderen überlebt, meist die Frau den Mann. Noch vor einigen Jahrzehnten war es in Österreich üblich, daß die Frau ab diesem Zeitpunkt für den Rest ihres Lebens nur noch in Grau oder Schwarz gekleidet ging.

Ich halte diese Art der zur Schau getragenen Resignation nicht für die geeignete Form der Lebensbewältigung. Weder ist dem Verblichenen damit gedient, noch kann es sein Wunsch gewesen sein, den zurückgelassenen Partner zeitlebens in Trauerkleidung zu sehen. Dieser hat, meiner festen Überzeugung nach, sogar geradezu die Verpflichtung, diese neue Phase des Daseins, so traurig sie für ihn auch sein mag, ebenfalls anzunehmen und sich darin bestmöglich zu behaupten. Ich weiß von einer sehr glücklichen Ehe, die erst in reifem Alter zwischen einer Witwe und einem Witwer geschlossen wurde, die noch über zwanzig Jahre gedauert hat und bei der der Tod des Mannes die (selbst körperlich schwer leidende) Frau außerordentlich hart getroffen hat. Erst schien es, sie würde den Schlag nicht überwinden; aber mit eiserner Willenskraft biß sie sich durch und schuf sich eine passable Lebensform. Sie mag noch so große Schmerzen haben, sie mag ihren Mann noch so sehr vermissen: Wenn man sie besucht, kommt kein Wort der Klage gegen Gott oder das Schicksal, sondern sie unterhält sich freundlich und interessiert mit dem Besucher, und oft hat sie aus ihren Sachen irgendein Stück ausgesucht – einen Zinnbecher, ein Buch –, das sie dem Besucher beim Weggehen schenkt.

Eines Tages müssen wir beginnen, das Sterben zu lernen; davon wird im nächsten Abschnitt die Rede sein; zunächst aber ist es wichtig, das Leben zu lernen. Öffnen wir unsere Augen, und blicken wir um uns. Wir werden genug Menschen finden, von denen wir das Leben lernen können, Menschen, denen gegenüber unsere eigenen Probleme, so groß sie uns erscheinen mögen, gering sind. Und wenn es uns auf keine andere Weise gelungen wäre, dann sind es diese Menschen, von denen wir das Leben lernen können, von denen wir lernen können, jede Phase unseres Lebens zu bejahen.

13 Der Abschied

Sich bewußt auf den Tod vorzubereiten, bedeutet, ihm die Macht, die er über uns hat, zu nehmen. Es sind aber durchaus auch Vernunftgründe, warum jeder von uns bemüht sein sollte, geordnete Verhältnisse zu hinterlassen.

Wenn Sie zart besaitet sind, lieber Leser, wenn Sie den Gedanken an den eigenen Tod bisher geflissentlich zur Seite geschoben haben, sollten Sie dieses Kapitel überspringen.

Oder besser: Vielleicht sollten Sie es gerade dann lesen. Denn irgendwann bleibt keinem von uns erspart, daß wir uns der Endlichkeit unseres Daseins bewußt werden müssen.

Man kann noch weiter gehen: Vielleicht der wichtigste Weg, mit sich selbst ins Reine zu kommen, sein Gleichgewicht zu finden, ist, sich auf den eigenen Tod einzustellen, darauf einzustellen, daß uns der Tod jederzeit ereilen kann. Dies ist keine allgemeine, abgedroschene Phrase; gerade heute, im Zeitalter der Verkehrsunfälle, weiß keiner von uns, ob er den Abend desselben Tages noch erleben wird.

Von jemandem, den ein plötzlicher Tod ereilt hat, sagen wir oft, dies sei eine Gnade für ihn gewesen. War es das wirklich? War es eine Gnade für ihn, diese Welt verlassen zu müssen, ohne darauf vorbereitet zu sein? Und war es eine Gnade für seine Hinterbliebenen, die ihm nicht gleichgültig sind und die nun mit allem zu Rande kommen müssen, was er unverrichtet zurückließ?

Unter denen, die nicht unerwartet abberufen werden, sondern für die der Tod das Ende einer Krankheit, oder einfach das Ende eines langen Lebenslaufes bedeutet, gibt es zwei Gruppen: Jene, die um ihr bevorstehendes Ableben wissen, und jene, die es nicht wahrhaben (wollen) bzw. denen es von ihrer Umgebung verheimlicht wird. Wie sehr der Mensch imstande ist, sich selbst zu betrügen, geht aus den gar nicht so seltenen Fällen hervor, in denen ein Arzt an Krebs stirbt, ohne diesen Krebs bis zur letzten Lebensminute je »erkannt« zu haben.

Soll der Mensch darüber Bescheid wissen, daß es mit ihm zu Ende geht? Eine generelle Antwort ist schwer zu geben. Professor Bernardi – in dem berühmten Stück von Arthur Schnitzler – hält es für richtig, das blühende junge Mädchen in Euphorie hinüberschlummern zu lassen, und hält den Geistlichen von ihr fern, der ihr die Sterbesakramente reichen will. Auch beim Tode Kaiser Franz Josephs griff man zu einem Trick: Ihm wurden die Sakramente gereicht, damit er den anschließenden Segen des Papstes »im Stande der Gnade« empfangen könne; auch ihm wurde nicht gesagt, daß sein Ableben unmittelbar bevorstand.

Viele von uns sagen hingegen mit Überzeugung: Wenn es mit mir einmal zu Ende geht, möchte ich Bescheid wissen. Auf die Gegenfrage warum? kommt meist die etwas zögernde Antwort: Nun, um noch das eine oder andere ordnen zu können.

Damit sind wir bei jenem Kriterium angelangt, das vielleicht einen Fingerzeig zur Beantwortung der Frage »Wissen oder Nicht-Wissen?« geben kann. Das junge Mädchen bei Professor Bernardi hatte nichts mehr zu ordnen; die meisten von uns hätten aber sehr wohl so manche Verfügung zu treffen. Testen Sie sich selbst: Angenommen, Sie würden heute noch von einem herabfallenden Ziegelstein erschlagen werden, hätten Sie wirklich niemandem mehr etwas zu sagen gehabt?

Ich gebe Ihnen, lieber Leser, einen dringenden Rat: Schreiben Sie ein Testament. Geben Sie möglichst präzise Anweisungen, was nach Ihrem Tode geschehen soll. Sagen Sie nun nicht mit Pathos oder Verbitterung: Das kann mir herzlich gleichgültig sein, was nach meinem Tod mit mir und mit meinen Sachen geschieht. Wenn Sie mit Ihrer Familie in schlechtem Einvernehmen stehen, ist ein Testament wichtig; wenn Sie mit Ihrer Familie in gutem Einvernehmen stehen, ist es noch wichtiger.

Hiezu eine wahre Begebenheit: In den ersten Jahren meiner beruflichen Tätigkeit hatte ich einen lieben, hochbegabten jungen Kollegen, glücklich verheiratet, das erste Kind unterwegs. Er war Vorarlberger, seine Frau Wienerin. Auf einer Autofahrt von Vorarlberg nach Wien erlitten die beiden einen tödlichen Verkehrsunfall. Testament war – natürlich! – keines da. Nach einer bösen Auseinandersetzung zwischen seiner und ihrer Familie wurde er in Vorarlberg beigesetzt, seine Frau in Wien, obwohl jeder wußte, daß eine getrennte Beisetzung sicher nicht im Sinne des glücklichen Paares war.

Meist ist es weniger dramatisch: Ein naher Verwandter erinnert sich ganz genau, daß der liebe Tote im Familiengrab beigesetzt sein wolle, ein anderer Verwandter erinnert sich ebenso genau, daß der Verblichene beim Anblick eines bestimmten idyllischen Waldfriedhofs einmal ausgerufen hat: Hier möchte ich begraben sein! Meist haben, leider, beide recht. Wie viele Todesfälle haben, ganz unnötigerweise, in bester Absicht zu Familienzerwürfnissen geführt, die Jahrzehnte hindurch nicht zu kitten waren. Ist jedoch ein Testament vorhanden, dann mag wohl der eine oder andere Verwandte den Kopf schütteln, aber es können keine Meinungsverschiedenheiten mehr ausbrechen.

Und sagen Sie nicht: Ich besitze ja ohnehin nichts; da steht sich ein Testament gar nicht dafür; auch habe ich nur ein Kind (oder: auch habe ich zwar keine Kinder, aber einen Gatten bzw. eine Gattin), und damit steht der Erbe ja eindeutig fest.

Sollten Sie so denken, so unterliegen Sie einem doppelten Irrtum.

Erstens: Sie besitzen mehr, als Sie glauben. Die alte Pendeluhr haben Sie einmal Ihrem Neffen versprochen; Ihrer Nichte würden Sie mit der blauen Vase eine Freude machen, die Ihr Kind (oder Ihr Gatte) sowieso nicht mag. Und wollten Sie nicht einer früheren Bedienerin auch noch etwas zukommen lassen? Und steht ausreichend fest, wo Sie Ihre letzte Ruhestätte finden wollen?

Der zweite Grund: Was ist, wenn Ihr Erbe vor Ihnen, oder gar gleichzeitig mit Ihnen, aus dem Leben scheidet? Um es ganz brutal zu sagen: Haben Sie keine Kinder und erleiden Sie gemeinsam mit Ihrem Gatten einen tödlichen Verkehrsunfall, so hängt es ganz davon ab, wer von Ihnen beiden gerade noch ein paar Minuten länger geatmet hat. Stirbt der Mann vor der Frau, so sind ihre Verwandten die Gesamterben, stirbt die Frau vor dem Mann, seine Verwandten.

Um so bedeutsamer wird daher ein Testament (und die richtige Abfassung des Testaments), wenn Vermögenswerte vorhanden sind – ein Grundstück, eine Eigentumswohnung, deren Einrichtung, ein Auto, ein Sparbuch, irgendwelche Wertpapiere. Je klarer Sie Ihre Dispositionen treffen, desto eher können auch in Ihrer Familie, in der im Prinzip vielleicht alle einander gut verstehen, Mißhelligkeiten vermieden werden.

Auch hier sei ein besonders tragischer Fall aus meinem Bekanntenkreis genannt, tragisch deshalb, weil die Folgen durch die Abfassung eines Testamentes leicht hätten vermieden werden können. Ein jüngerer, vielversprechender höherer Staatsbeamter, drei kleine Kinder, die Gattin hatte ihren Beruf zugunsten der Kindererziehung aufgegeben. Man hatte eben hohe Kredite aufgenommen und ein Eigenheim erworben. Der Mann stirbt innerhalb weniger Wochen an einem Gehirntumor. Niemand hatte gewagt, ihm die Wahrheit zu sagen; »natürlich« war auch kein Testament vorhanden. Nach seinem Tode war die Verfügung über alle Guthaben und das

Eigenheim »im Interesse der unmündigen Kinder« eingefroren. Alle Ausgaben, einschließlich der hohen Rückzahlungsraten, liefen aber voll weiter. Eine praktisch ausweglose, verzweifelte Situation, die, wie schon gesagt, durch entsprechende Verfügungen leicht hätte geordnet werden können.

Kehren wir zum Fall des kinderlosen Ehepaares zurück. Jeder der beiden könnte in seinem Testament jeweils den anderen zu seinem Alleinerben einsetzen, sollte aber dann ausdrücklich einen Absatz hinzufügen, der mit den Worten beginnt: »Für den Fall, daß mein Gatte (meine Gattin) nicht erben kann oder erben will, verfüge ich, . . .«. Diese sonderbar klingende Formulierung deckt u. a. den Fall des gemeinsamen tödlichen Autounfalls.

Ein Testament ist die Erbeinsetzung hinsichtlich des Nachlasses. Es ist daher wichtig, unbedingt jemanden als Erben einzusetzen. Es genügt nicht, nur eine Anzahl von »Kodizillen«*) aneinanderzureihen: Die Wohnung soll Erna gehören, das Grundstück Karl, etc. Es ist nahezu unvermeidbar, daß hiebei auf irgend etwas vergessen wird – Ihr Auto, irgendeine noch offene Schuld. Dann ist guter Rat teuer. Wenn Sie jedoch einen Erben einsetzen, können durchaus anschließend daran Kodizillen hinsichtlich bestimmter Legate hinzugefügt werden.
Wenn Sie nicht ganz sicher sind, lassen Sie sich von einem Notar oder Rechtsanwalt beraten. Bei der Österreichischen Notariatskammer gibt es ein zentrales Testamentsregister, wo sämtliche bei einem Notar, Anwalt oder Bezirksgericht deponierten Testamente registriert sind.
Die Abfassung eines Testaments ist aber noch nicht alles. Die Verwandtschaft muß auch wissen, wo das Testament zu finden ist, ob bei einem Notar deponiert oder beispielsweise in Ihrer Wohnung aufgehoben. Wenn das Testament privat verwahrt ist, sollte überdies auf dem verschlossenen Kuvert vermerkt sein: »Von meinem Neffen Karl und meiner Nichte Ida gemeinsam zu öffnen.« Dies bedeutet keinerlei Mißtrauen, sondern sichert nur, daß ein allfällig durch einseitige Testamentsöffnung entstehendes Mißtrauen seitens der anderen Verwandten von vornherein ausgeschlossen ist.
Obwohl es rechtlich zulässig ist, sollten Sie vermeiden, Verfügungen zu treffen, mit denen Sie den Erben in Zukunft binden, etwa: »Die blaue Vase

*) Ein Kodizill ist eine (schriftliche) Verfügung für ein bestimmtes Legat.

soll meiner Nichte Ida gehören, nach deren Tod jedoch meinem Großneffen Hugo.« Die Familienverhältnisse können sich ganz anders entwickeln; gönnen Sie doch Ihrer Erbin Ida die Freiheit, über ihr Erbe selbst weiter verfügen zu können.
Noch ein Tip, den ich Ihnen eigentlich nicht geben darf. Ich umschreibe ihn daher: Mir wurde erzählt, daß es in Österreich üblich sei, das eine oder andere Sparbuch zu besitzen, von dem niemand etwas weiß, weder der Fiskus noch – in manchen Fällen – die engsten Verwandten. Wenn man nicht möchte, daß dieses Geld bis zum Sankt Nimmerleinstag im Besitz der Bank verbleibt, so wird vielfach – so wurde mir erzählt! – dem offiziellen Testament ein Zettelchen beigelegt, etwa des Inhalts: »Im mittleren Fach des Küchenkastens befindet sich, unter dem Einbreitpapier, ein Sparbuch. Das Losungswort ist . . . Dieses Sparbuch möge aufgelöst und zu gleichen Teilen zwischen Karl und Ida aufgeteilt werden.«
Und noch etwas: Bringen Sie Ihr Testament in regelmäßigen Abständen auf den neuesten Stand. Es ändert sich die Nummer des Sparbuches, der Aufbewahrungsort; vorige Woche ist Ihnen eingefallen, daß mit Ihrem Nähtischchen vielleicht die Nachbarin eine Freude hätte. Gerade, wenn das Testament verfaßt wird, um Ihren Erben klare Richtlinien zu hinterlassen, sollte es kein neues Rätselspiel aufgeben oder veraltet sein.
Lieber Leser, folgen Sie meinem Rat. Sehen Sie für den Fall Ihres Ablebens (sowie für alle denkbaren mit Ihrem Ableben verbundenen Eventualitäten) bestmöglich vor. Sie werden zunächst erstaunt sein, vieviel es gibt, was Sie geordnet sehen möchten und woran Sie vorher gar nicht gedacht hatten. Es wird aber noch ein Effekt eintreten, mit dem Sie wahrscheinlich nicht gerechnet hatten: Wenn alles unter Dach und Fach, das Testament geschrieben und irgendwo ordnungsgemäß deponiert ist, werden Sie sich sonderbar erleichtert, ja, geradezu fröhlich fühlen. Und Sie haben auch ein Recht darauf, denn es ist Ihnen gelungen, Ihrem eigenen Tod ein bißchen von seinem Schrecken zu nehmen, diesem Ereignis, das uns allen bevorsteht, ein wenig gelassener entgegenzusehen, damit aber auch Ihr normales Leben viel ruhiger und ausgeglichener weiterleben zu können. Auch die Frage, ob man über den bevorstehenden Tod Bescheid wissen soll oder nicht, ist zwar nicht gelöst, aber doch entschärft.

Und damit sei noch – in aller Ruhe – auch über den Tod selbst gesprochen.

Mir wurde die Gnade zuteil, an mir nahestehenden Menschen das Sterben lernen zu dürfen.
Als wir meinen – hochbetagten – Großvater das letzte Mal im Krankenhaus besuchten, sagte er zu uns: »Heute hab ich den Arzt gefragt: Na, Doktor, diese Woche werd ich wohl gehn? Da hat er nix drauf g'sagt. Na, da hab ich's g'wußt.« Wenige Tage später war er friedlich eingeschlafen.
Mein Vater, ebenfalls hochbetagt, war bei meinem letzten Besuch bereits so schwach, daß er kaum noch sprechen konnte; er hatte auch schon mehrere Tage hindurch keine Nahrung mehr zu sich nehmen können. Ich saß an seinem Bett und hielt, eine halbe Stunde lang, seine Hand in der meinen, ohne daß ein Wort gesprochen wurde. Als ich mich zum Gehen anschickte, sagte er, kaum hörbar: »Ich danke Dir für Deinen Trappisten-Besuch!«*) Als wir ihn fragten, ob er irgendeinen Wunsch habe, versuchte er ein Lächeln und flüsterte: »Scotch on the rocks.« Er war nie ein Trinker gewesen, Whisky schon gar nicht. Wachen Geistes, mit diesem Scherz, dessen Absurdität ihm klar war, ging er hinüber.
Meine Tante, seit Jahren an Blutkrebs leidend, bat, als sie spürte, daß es soweit war, ihren Mann und ihre Kinder zu sich, ließ eine Flasche Sekt öffnen; alle stießen mit ihr an, tranken einen Schluck, und sie starb, ein Lächeln auf den Lippen.
Als viertes – und letztes – Beispiel sei noch meine Großmutter mütterlicherseits genannt. Auch sie war hochbetagt, todkrank, wußte, daß es mit ihr zu Ende ging, wünschte die Sterbesakramente zu empfangen, empfing sie in tiefer Gläubigkeit und hatte dann nur noch den einen Wunsch, den Monatsersten zu erleben, an dem ihre Pension zur Auszahlung gelangte. Es war die schwere Zeit unmittelbar nach dem Krieg; wir lebten in materiell sehr bedrängten Verhältnissen. Sie schaffte es; als der Geldbriefträger ihr das Geld ans Krankenbett brachte, schob sie es mit glücklichem Lächeln meiner Mutter zu und sagte mit letzter Kraft: »Für's Begräbnis.«

Vielleicht schockiert es Sie, lieber Leser, wenn ich – ganz bewußt – hinzufüge, daß die drei Erstgenannten nicht im Schoße der Kirche verstorben sind. Auf die große Bedeutung der Religion, in unseren Landen vornehmlich des christlichen Glaubens, für den Menschen, wird im nächsten Ab-

*) Die Trappisten sind ein Mönchsorden, dessen Mitglieder zum Schweigen verpflichtet sind.

schnitt eingegangen werden. Es wäre aber ein armseliger Glaube, eine armselige Religion, wenn sie mir quasi nur als Eintrittskarte ins Jenseits diente – durch Erfüllung bestimmter formeller Pflichten, durch den Empfang der Sterbesakramente erkaufe ich mir die ewige Seligkeit. Ich möchte es umgekehrt sehen: Die Religion vermag viel für den gläubigen Menschen zu bewirken; sie vermag ihm auch seinen Abschied aus dieser Welt zu erleichtern. Unter sonst gleichen Umständen wird es also einem gläubigen Menschen leichter fallen, um sein nahendes Ende Bescheid zu wissen.

Wir sollten bemüht sein, uns eine Erkenntnis zu eigen zu machen: Alles, was wir zu besitzen glauben, ist immer nur auf Zeit verliehen – Beweglichkeit, Gesundheit, Liebe, uns nahestehende Menschen, materieller Besitz. Von all dem müssen wir uns entweder schon zu Lebzeiten wieder trennen, spätestens aber mit dem eigenen Tod.

Es sei jedem Menschen überlassen, sich in seiner Weise auf das letzte Kapitel seines Lebens vorzubereiten. Daß dieses letzte Kapitel uns aber nicht unerwartet treffen sollte, ist das Hauptanliegen dieses Abschnittes. Jeder einzelne von uns, aber auch ein Volk als Ganzes, wird gefestigter dastehen, wenn es den Gedanken an den natürlichen Lauf der Dinge, einschließlich des Todes, nicht verdrängt (oder im Wienerlied abreagiert), sondern als einen wesentlichen Teilaspekt des Lebens, ja, als die Vollendung des Lebens (im doppelten Sinne des Wortes) erkennt und ihm den erforderlichen Platz in Denken und Fühlen gewährt.

14 Glaube und Kirche

Glaube beruht auf der Überzeugung, daß der Mensch auf dieser Erde einen Auftrag zu erfüllen hat. Die Frage nach diesem Auftrag ist die Suche nach Gott; Aufgabe der Kirchen ist es, hiebei Hilfestellung zu leisten.

Dieses Buch ist ein sehr persönliches Buch.

Ein Buch dieses Titels und Inhalts bliebe unvollständig, würden Glaube, Religion und Kirche ausgeklammert. Über Glaube, Religion und Kirche zu schreiben, erfordert allerdings, daß sich der Autor dem Leser gegenüber in besonderem Maße öffnet, damit aber auch in besonderem Maße befürchten muß, mißverstanden zu werden.

Ich nehme dieses Risiko auf mich. Also: Ich glaube an Gott.

Dieser Glaube hat mehrere Ebenen.

Die erste Ebene ist eine philosophische, physikalistische. Auf dieser Ebene manifestiert sich Gott für mich in allen wirkenden Kräften, von der Schwerkraft über die Kräfte, die ein Molekül zusammenhalten, bis hin zur Kraft der Liebe zwischen Mutter und Kind, zwischen Mann und Frau.

Auf einer nächsten Ebene ist Gott für mich alles, was unseren beschränkten menschlichen Verstand übersteigt. Wir haben es zwar, wie Wagner in Goethes Faust sagt, »so herrlich weit gebracht«; wir können Mondfähren bauen und Atombomben; wir wissen, was sich ab den ersten Zehntelsekunden nach dem Urknall ereignet hat – aber was vor dem Urknall war, wissen wir nicht. Hat »Zeit« einmal angefangen? Hat es immer Zeit gegeben? Ist unser Raum, ob gekrümmt oder nicht, endlich oder unendlich? Können wir den Begriff »Grenze« oder »Nichtgrenze« von Raum und Zeit verstehen? Wenn sich dies unserem Verständnis entzieht, dann muß es doch etwas geben, das dies versteht, irgendein urwaltendes Prinzip; und dieses Prinzip, dieser Nous, der »Weltgeist« des klassischen Altertums, ist die zweite Ebene des Begriffes »Gott«. Auch Karl Rahner spricht ausdrücklich von der prinzipiellen »Unbegreiflichkeit« Gottes.

Wenn Gott aber all das ist, was wir nicht verstehen können, dann können wir ihn selbst auch nicht verstehen, dann entzieht er sich jeder Interpretation mittels menschlicher Begriffe!

Diese Feststellung ist keineswegs nur ein dialektischer Trick. Im Gegenteil: Solange wir Gott mit menschlichen Kategorien zu messen und zu beurteilen versuchen, können wir mit dem Gottesbegriff nicht zu Rande kommen. Insbesondere jene Glaubensgemeinschaften, die sich bildlicher Darstellungen bedienen, erzeugen damit beim Gläubigen oft mehr Schwierigkeiten als sie lösen. In seinem großartigen Gemälde in der Sixtinischen Kapelle stellt Michelangelo Gott im Himmel schwebend dar; von dieser Darstellung ist es nur noch ein kleiner Schritt zu Gott als einem gütigen alten Herrn, der, auf einer Wolke sitzend, wirklich nicht auf alles aufpassen kann, was auf der Erde geschieht, und daher Scharen von Schutzenglein ausschicken muß, die über zwei Kindern schweben, die aus unerfindlichen Gründen mit verklärten Augen über ein Brett wandeln, das über ein seichtes Wässerlein gelegt ist.

Dieser Kinderglaube führt dann unmittelbar zum Glauben vieler Erwachsener an Gott in der Funktion des Verwalters allen irdischen Geschehens. Wie oft hört man: Es kann keinen Gott geben; denn wie könnte Gott, wenn es ihn gäbe, all diese Not in der Welt zulassen? Wie könnte er zulassen, daß Eltern ihr einziges Kind verlieren?

Spinnen wir diesen Gedanken weiter: Wie könnte er zulassen, daß der Hof eines Bergbauern von einer Lawine weggerissen wird? Daß mein Freund seit einem Autounfall mit Krücken gehen muß? Daß sich eine junge Mutter den Arm bricht und kaum für ihre Kinder sorgen kann? Daß ich auf der regennassen Fahrbahn mit meinem Auto ins Schleudern kam, aber »Gott sei Dank« (sic!) »nur« ein Blechschaden von mehreren tausend Schilling entstand? Daß unser lieber Hund überfahren wurde? Daß ich meine Krawatte mit Senf bekleckert habe und sie nun putzen lassen muß? Also bei der Krawatte werden wir uns noch einig sein: Für die ist der liebe Gott sicher nicht zuständig. Aber wo beginnt dann seine Zuständigkeit? Beim Hund? Beim Blechschaden? Beim gebrochenen Arm? Beim Autounfall? Wie unzählige Votivbilder zeigen, ist dies der Gott der Volksgläubigkeit in ländlichen Gegenden und südlichen Ländern.

Mit Betroffenheit stellen wir fest, wie lächerlich anthropomorph (menschenartig) ein derartiges Gottverständnis wäre; Gott als »Macher« unserer irdischen Wünsche. In diesem Sinne ist auch ein Gebet sinnlos, das etwa lautet: Lieber Gott, laß mich morgen bei der Führerscheinprüfung durchkommen; wenn ja, dann bist Du großartig und ich spende Dir eine dicke Kerze; wenn ich durchfalle, dann taugst Du nichts. Wenn sich zehn Kandidaten um einen ausgeschriebenen Posten bewerben und jeder der zehn dem lieben Gott eine dicke Kerze versprochen hat – welcher Kandidat soll dann den Posten bekommen? Der mit der dicksten Kerze, mit

dem längsten Gebet? Gott als Wunscherfüllungsmaschine, als Knopfdruckautomat!
Zurück zu den beiden bisher genannten Ebenen: Gott als Summe aller Kräfte und Gott als Inbegriff all dessen, was unseren menschlichen Verstand übersteigt. Bestünde Gott nur aus diesen beiden Ebenen, so wäre dies zwar ein recht gewaltiger Gott, aber doch nur ein definitorischer Gott, der mit mir als Mensch eigentlich nichts zu tun hätte. Es muß uns aber, über diese beiden Ebenen hinaus, zu denken geben, wieso dieser Gott ausgerechnet uns Menschen durch die Entwicklung des Großhirns in so eindeutiger Weise über alle anderen Lebewesen herausgehoben hat, oder, um es biblisch auszudrücken, uns zu »seinem Ebenbild« (Genesis 1, 21) gemacht hat. Unter »Ebenbild« ist sicherlich nicht zu verstehen, daß auch Gott zwei Augen, eine Nase und (im allgemeinen) 32 Zähne hat, sondern umgekehrt, daß wir, die Spezies Mensch, als besondere, erkenntnisbegabte Wesen, einen besonderen Auftrag Gottes auf Erden wahrzunehmen haben. »Und er setzte den Menschen in den Garten Eden, daß er ihn bebaue und bewahre«, heißt es ausdrücklich (Genesis 2, 8). Mit diesem Satz wird auch klar, wie der Auftrag »Macht euch die Erde untertan« (Genesis 1, 28) zu interpretieren ist: Nicht als schrankenlose Willkürherrschaft, sondern als Dominium, als die Aufgabe eines guten, für das Wohl und Wehe aller ihm Anvertrauten verantwortlichen Hausvaters (dominus kommt von domus = Haus); ja, noch klarer gesagt, eines Treuhänders Gottes auf Erden.
Und erst aus dieser Ebene entspringt eine unmittelbare »religio«, eine Beziehung zwischen Gott und den Menschen. Wir haben die Verpflichtung, darüber nachzudenken, was wohl unsere Aufgabe auf dieser Erde ist, und dann danach zu handeln. An dieser Stelle mögen mir alle gelehrten Theologen verzeihen, wenn ich eine höchstpersönliche Interpretation der Heiligen Dreifaltigkeit gebe: Das Bewußtsein, von Gott eine Verpflichtung übertragen bekommen zu haben, ist das Wirken des Heilgen Geistes in uns, und Jesus Christus ist jener, der diese Botschaft Gottes in unser Leben gebracht hat, Brücke zwischen Gott und Mensch, wahrer Gott und wahrer Mensch zugleich. Erst auf dieser dritten Ebene kommt es zum »personalen Gott«, dem Gott, der jedem einzelnen von uns etwas zu sagen hat. Und hier wird uns auch die zeitgemäße Bedeutung der altmodischen Begriffe »Sünde« und »Reue« bewußt, der Aussage, daß Gott »dem reuigen Sünder vergibt«. Sünde ist heute oft weniger das, was wir tun, als

all das, was wir unterlassen; Reue ist das immer wiederkehrende Nachdenken darüber, was wir an unserem Verhalten verändern können.

Schön, höre ich an dieser Stelle so manchen unserer aufgeklärten Zeitgenossen sagen, das ist ja ein ganz hübsches Gedankengebäude, aber eben doch nur Glaubenssache.
Was heißt »Glaube«?
Die deutsche Sprache unterscheidet (leider) nicht zwischen »putare« (= etwas vermuten) und »credere« (= von etwas überzeugt sein). Ich glaube, daß es heute noch regnen wird, und ich glaube an mein Kind, auch wenn es sich in der Schule noch so schwer tut, sind zwei ganz verschiedene Begriffe. »Glaube« im Sinne von »Credo« heißt *an* etwas glauben, von etwas überzeugt sein, was ich nicht beweisen kann, so wie die Mutter an ihr Kind glaubt.
In diesem Sinne ist es müßig, Gott (oder Gottes Auftrag) »beweisen« zu wollen. Es handelt sich eben nicht um ein Wissen, sondern um einen »Glauben«. In diesem Sinne mag Theologie eine Wissenschaft sein, nicht aber Religion, die Beziehung zwischen Mensch und Gott, die Überzeugung, daß der Mensch auf dieser Erde einen Auftrag zu erfüllen hat. Diese Überzeugung läßt sich nicht beweisen, sondern »nur« *glauben*. Für diesen Unterschied zwischen Wissen und Glauben hat Goethe die Worte gefunden: »Höchstes Glück des denkenden Menschen sei es, das Erforschliche zu erforschen und das Unerforschliche ruhig zu verehren.«
Ruhiges Verehren ist aber zuwenig. Glaube ist nichts Starres; Glaube erfordert ein ständiges Weiterfragen nach unserem Auftrag, ein ständiges Hinterfragen unserer Interpretation des Auftrags. Bischof Helmut Krätzl hat dies vor kurzem so ausgedrückt: »Glaube ist ein Weg . . . Vertiefung im Glauben liegt nicht so sehr in der Vermehrung des Glaubenswissens, sondern im Wachsen der Beziehung zu Gott. Glaube ist nicht nur Überkommenes, zu wahrendes Erbe, sondern Herausforderung zur Tat. Der Glaubensentscheidung müssen Lebensentscheidungen folgen.«

Für erwachsene, reife Menschen bedarf daher auch der Begriff des Gebets einer umfassenderen Interpretation. Gebet ist nicht das Aufsagen starrer Formeln, ist nicht das Betätigen der Knopfdruckmaschine; Gebet ist der Versuch, mit unseren unzulänglichen menschlichen Mitteln den Willen Gottes zu erforschen. Gebet ist ein Gespräch mit Gott; ein Gespräch, das auf unserer Seite notwendig menschlich bleiben muß, da wir ja Menschen sind, das uns aber die Aufgabe stellt, hineinzuhorchen in Gott, in jenen Gott, der unser menschliches Denken, unsere menschliche Vernunft übersteigt. So betet Jesus in der Nacht vor seiner qualvollen Hinrichtung in (menschlicher) Todesangst, wie dankbar er wäre, könnte dieser Kelch an ihm vorübergehen – dies aber nur als Einleitungssatz zum »nicht mein Wille, sondern Dein Wille geschehe«. Im neuen Buch von Matthias Mander (»Der Sog«) findet sich der wunderbare Satz: »Zuerst muß man Gott als Gast empfangen, um ihn als Gastgeber zu erfahren.«

Welche Funktion kommt nun den Glaubensgemeinschaften, christlichen wie nichtchristlichen, zu?

»Kirche« bedeutet eigentlich eine von Gott inspirierte Gemeinschaft von Gläubigen. Diese Kirche ist es, zu der sich evangelische Christen im Schlußteil des Credo bekennen (»Ich glaube an ... die heilige christliche Kirche«), und diese Kirche ist eigentlich auch im katholischen Glaubensbekenntnis gemeint (»Ich glaube an ... die heilige katholische Kirche«), denn »katholisch« heißt »allumfassend«. Es ist daher nicht ganz zutreffend, wenn im täglichen Sprachgebrauch unter »Kirche« die sichtbaren Kirchen, als konkrete Rechtspersönlichkeiten mit Grundbesitz, Steuerhoheit etc. verstanden werden. Diese sichtbaren Kirchen sind organisierte Hilfsmittel unserer »religio«, unserer Beziehung zu Gott. Sie mögen vom Heiligen Geist durchdrungen sein, aber sie sind aus Menschen zusammengesetzt, und daher kann ihnen auch keine menschliche Unzulänglichkeit fremd sein. Jede der verschiedenen Konfessionen versucht »religio« bestmöglich zu interpretieren, ja, zu kodifizieren. Dies ist sicherlich nichts Schlechtes; im Gegenteil: Viele Menschen bedürfen in stärkerem Maße als andere eines derartigen festen Normensystems, einer geschlossenen Geborgenheit. Ein überzeugter Moslem, ein überzeugter Mormone, ein überzeugter Katholik fühlen sich gerade deshalb wohl, weil sie sich – quasi mit geschlossenen Augen – in einen ihnen angebotenen festen Rahmen einfügen können, ähnlich wie sich ein kleines Kind vertrauensvoll an die Brust seiner Mutter schmiegt. Wie stark dieses Bedürfnis bei vielen Menschen ausgeprägt ist, gerade in der Gegenwart wieder, zeigt der Zulauf, den fundamentalistische Sekten erfahren. Unsere traditionellen Kirchen, aber auch alle Eltern, sollten sich ungleich ernsthafter als bisher die Frage stellen, ob sie nicht in der herkömmlichen Form des Religionsunterrichtes,

der religiösen Erziehung, den heranwachsenden Jugendlichen etwas schuldig geblieben sind.
In dieser Situation bin ich mir nicht sicher, ob das Lehrgebäude irgendeiner dieser Kirchen, einschließlich konkreter Vorschriften, mit dem Begriff »Glaube« gleichgesetzt werden darf. Bis zum II. Vatikanischen Konzil wurde Katholiken, die eine Feuerbestattung wünschten, die kirchliche Einsegnung verweigert, seither jedoch gewährt. Vorher war also an die Verwerflichkeit der Feuerbestattung zu »glauben«, nachher an deren Nicht-Verwerflichkeit. Bis dahin galt das formelle Freitags-Fastengebot, nachher nicht mehr. Ich weiß von Kindern einer strenggläubigen Katholikin, die sich damals jeden Karsamstag mit der Wurstsemmel in der Hand und mit geöffnetem Mund vor die Pendeluhr setzten und warteten, bis diese elfmal schlug, um mit dem elften Schlag herzhaft in die Semmel hineinzubeißen, denn das Fastengebot galt nur bis 11 Uhr.

Was hat all dies mit Österreich, mit dem Österreicher, zu tun?
Meiner Überzeugung nach sehr viel. Denn in diesem Land spielen nicht nur die Kirchen eine große Rolle, sondern sie sind auch in Bewegung geraten. Die Bischofsernennungen der letzten Jahre haben gezeigt, wie vielen von uns es nicht gleichgültig ist, welchen Weg die Kirchen gehen, welche Interpretation des Begriffes »Glaube« und »Religion« im Österreich von heute und von morgen gegeben sein sollte. Und so sehr ich selbst zu einer offeneren Interpretation neige, zur Interpretation Karl Rahners, daß es nicht um Indoktrination des Glaubens geht, sondern um Initiation, um Hinführung des Menschen zur religio, bin ich doch überzeugt, daß unterschiedliche Wege nebeneinander notwendig sind: Für viele von uns ist ein fest vorgegebener Weg zu Gott das richtige, für andere ist es die Suche nach dem eigenen Weg. Das alle Verbindende besteht darin, sich bewußt zu werden, in wie hohem Maße wir Verantwortung tragen – für uns selbst, für unsere Angehörigen, für unsere Mitmenschen, für unser Land, für unsere Erde.

15 Vergangenheitsbewältigung

Nur durch eine umfassende, ungeschminkte Information über die Schrecken der Kriegszeit können wir der Jugend nahebringen, überzeugte Kriegsgegner und überzeugte Demokraten zu sein. Es ist historisch erklärbar, wieso sich Österreich als Teil Deutschlands empfand; heute, mehr als ein halbes Jahrhundert später, ist unsere Eigenstaatlichkeit so gefestigt, daß wir uns getrost zu allen unseren Wurzeln bekennen können.

Ich bin 1932 geboren, genieße daher in gewisser Hinsicht »die Gnade des richtigen Jahrgangs«: Während der Kriegsjahre war ich alt genug, um die Schrecken des Krieges und einer Diktatur bereits wachen Sinnes zu erleben, aber gerade noch zu jung, um aktiv in das Geschehen involviert zu werden.

Die Einstellung der älteren Generation, von jener bedrückenden Zeit möglichst wenig zu sprechen, ist menschlich verständlich, aber falsch. Im Gegenteil: Gerade wir, die wir noch selbst erfahren haben, was Krieg bedeutet, zu welchen Grausamkeiten ein totalitäres Regime fähig ist, haben die Verpflichtung, diese Erkenntnisse der Jugend weiterzugeben, um ihr zu helfen, überzeugte Kriegsgegner und überzeugte Demokraten zu werden.

Es ist außerordentlich schwer, jene Zeit einer Generation zu vermitteln, die in Frieden, Freiheit und Wohlstand aufgewachsen ist. Man kann jemandem, der nie hungern mußte, nicht vermitteln, was es heißt, monatelang, ja, jahrelang von Hungerrationen leben zu müssen; man kann jemandem, der in Frieden aufwuchs, nicht vermitteln, wie Menschen reagieren, wenn nach zehn Bombenangriffen die Sirenen zum elften Mal zu heulen beginnen; man kann jemandem, der nie etwas anderes kannte als volle Gedankenfreiheit, nicht vermitteln, wie es ist, wenn einen jedes unbedachte Wort ins Gefängnis, ja, in den Tod bringen kann.

Mehr noch: Die jüngere Generation, vor allem die Schuljugend, ist besonders empfindlich gegenüber allzu einseitigen Darstellungen. Ein sehr kluger Bekannter vor mir, führendes Mitglied der israelitischen Kultusgemeinde in Wien, war zutiefst unglücklich über den Film »Holocaust«. Er sagte: Eine Darstellung, bei der alle Juden nur lieb und gut, die deutschen Soldaten hingegen nur als verabscheuungswürdige Mörder dargestellt werden, muß im Beschauer eine Gegenreaktion hervorrufen; ein noch so berechtigtes Anliegen, das sich einer vordergründig-einseitigen Darstellungsweise bedient, setzt sich notwendig dem Verdacht aus, nicht wahrheitsgetreu zu sein.

In der Tat: Jene furchtbaren Jahre unserer Geschichte sind nicht nur durch die Greuel der Konzentrationslager gekennzeichnet, sondern auch durch die Bombenangriffe auf Dresden, auf Hiroshima, durch den Bombenangriff vom 13. März 1945 auf die Innenstadt von Wien, als der Krieg de facto schon längst zu Ende war, jenen Angriff, bei welchem u. a. auch die Staatsoper ausbrannte. Diese Feststellung sei keineswegs als eine Art gegenseitiger »Aufrechnung« verstanden, sondern nur als Hinweis darauf, daß Vergangenheit nur dann »bewältigt« werden kann, wenn sie umfassend und ungeschminkt betrachtet wird.

Auch wenn, wie schon gesagt, es eigentlich nicht möglich ist, späteren Generationen jene Zeit innerlich nahezubringen, muß es dennoch nach bestem Wissen und Gewissen versucht werden – durch historische Analysen, durch literarische Werke und durch die Schilderung signifikanter Einzelereignisse.

Was erstere betrifft, ist Hugo Portisch mit »Österreich I« und »Österreich II« ein großer Schritt gelungen; Freunde aus der Bundesrepublik Deutschland sollen gesagt haben: Wir wollten, wir wären schon soweit, daß so etwas auch bei uns publiziert werden könnte.

An literarischen Werken möchte ich beispielhaft nur »Alle unsere Spiele« von Erika Mitterer nennen, ein Werk, in welchem die tiefe seelische Spaltung, die damals quer durch die Familien, ja oft quer durch das eigene Denken ging, meisterhaft nahegebracht wird.

Es sei auch nur ein Einzelereignis geschildert, das mir ein älterer Bekannter erzählt hat. Er stand eines Tages, Mitte 1939, am Fenster seiner Wohnung in einem oberen Geschoß eines großen Wiener Mietshauses und sah vor der Haustüre des gegenüberliegenden Hauses einen gedeckten Lastwagen stehen. Kurz darauf trat, ruhigen Schrittes, eine ihm unbekannte Familie, mit kleinen Köfferchen in der Hand, aus dem Haustor, begleitet von einigen Herren in Zivil. Die Familie bestieg den Lastwagen, die Herren in Zivil ebenso, und der Lastwagen fuhr davon.

Mein Bekannter stand wie gelähmt. Was konnte, was sollte er tun? Die Polizei anrufen? Absurd: Es war ja die neue Ordnungsmacht, die den Abtransport der – offenbar jüdischen – Familie durchführte. Zu Gericht gehen? Genauso absurd: Der Abtransport erfolgte ja aufgrund der nunmehr gültigen, neuen Verordnungen. Auf die Straße treten und schreien? Der Lastwagen war längst weg; auch hieß es, die jüdischen Familien würden in »Arbeitslager« gebracht; an Mißhandlungen oder gar an Ausrottung dachte damals in der Bevölkerung niemand. Aus der Sicht unserer Gegenwart, in welcher jedes kleinste Ereignis irgendwo auf der Welt binnen kürzester Zeit über die Massenmedien breitgetreten wird, erscheint es kaum glaublich, daß der Großteil der Bevölkerung von der Existenz von Konzentrationslagern erst nach Kriegsende erfuhr. Sicher muß es Eingeweihte gegeben haben, aber diese hielten wohlweislich dicht.

Diese Episode sollte jedem Jugendlichen vor Augen gehalten werden, der großspurig erklärt, wieso habt ihr (bitte, wer ist »ihr«?) Adolf Hitler damals nicht verhindert? Diese Episode, die die Machtlosigkeit, ja, die Hilflosigkeit jener Zeit beleuchtet, wird aber als Antwort zu wenig sein. Wir müssen der Jugend darüber hinaus eine möglichst umfassende Kenntnis jener vorherigen Entwicklungen zu vermitteln versuchen, die zum Aufstieg Adolf Hitlers, zum Anschluß Österreichs an das Deutsche Reich, geführt haben – nicht um zu verniedlichen oder zu beschönigen, sondern um den nachfolgenden Generationen die Augen zu öffnen für allfällige zukünftige Entwicklungen in Richtung totalitäres Denken.

Wir müssen mit unserer Erklärung daher vor 1806 beginnen, im Heiligen Römischen Reich Deutscher Nation, dessen Kaiser Jahrhunderte hindurch von den in Wien residierenden Habsburgern gestellt wurden. Von Wien aus, von der Empore der Kirche am Hof, wurde 1806 die Auflösung dieses Reiches verkündet. Wir müssen der Jugend den »Traum vom Reich« schildern, die Sehnsucht (der deutschen Bevölkerung) Österreichs nach einem Wiedererstehen dieses Reiches, dessen Kaiserkrone auch heute noch in Wien aufbewahrt wird, ein Traum, der stark gefördert wurde durch das im 19. Jahrhundert aufflammende nationalstaatliche Denken, durch das Ideal, daß Angehörige einer Zunge quasi einen naturrechtlichen Anspruch auf einen gemeinsamen Staat haben. Was Italien schaffte, verhinderte die Geschicklichkeit Bismarcks, dem es gelang, seinen König, den König von Preußen, 1871 zum »Deutschen Kaiser« (nicht: Kaiser von Deutschland) krönen zu lassen und Österreich aus diesem Verband auszuschließen, jener Bismarck, der dennoch als »Einiger Deutschlands« gilt. Vermitteln wir dies nicht, wird die Jugend nicht verstehen, wieso sich der Kaiser von Österreich als »Deutscher Fürst« bezeichnete, wieso Bismarck bei einem Privatbesuch in Wien von der studentischen Jugend zugejubelt wurde, wieso die jüdische Intelligenz Österreichs deutlich deutsch-national eingestellt war. Aus heutiger Sicht sieht dies schizophren aus, war aber aus damaliger Sicht logisch konsistent.

Ebenso logisch war es, daß der Nationalrat des nach 1918 verbliebenen Rumpf-Österreich, praktisch einstimmig, 1919 den Beschluß faßte: »Deutschösterreich ist ein Teil der Deutschen Republik.« Der Deutsch-Österreicher fühlte sich eben als Deutscher, genauso wie sich der tschechische Österreicher als Tscheche fühlte. Der Anschluß an Deutschland wurde Österreich damals, gegen seinen Willen, von den Siegermächten verwehrt. Die kleine Republik Österreich, verblieben als Reststaat nach der Zerschlagung eines 50-Millionen-Reiches, glaubte nicht an ihre Lebensfähigkeit. Auch glaubten viele Österreicher, genauso wie viele Bürger der Weimarer Republik, nicht an die Lebensfähigkeit eines demokratischen Systems; die innenpolitische Entwicklung, die Hilflosigkeit der Parlamente in Berlin und Wien waren auch nicht dazu angetan, diesen Glauben zu verändern.

Vereinfacht gesagt waren es drei Umstände, die vielen Österreichern einen Anschluß an Deutschland erstrebenswert, ja, als einzigen sinnvollen Weg in die Zukunft erscheinen ließen, und die damit der Okkupation durch Hitler Vorschub leisteten. Zum einen war es die Tatsache, daß es Hitler gelungen war, nach dem Zusammenbruch aller überkommenen Wertsysteme (»Kaiser, Gott und Vaterland«) eine höchst verschwommene, aber faszinierende Idee eines »Dritten Reiches« vorzugaukeln, eines Paradieses auf Erden unter Führung des deutschen Volkes, eine Idee, die es wert war, sich voll und blindlings für sie einzusetzen, eine Idee, der die in den Kinderschuhen steckenden und von Kinderkrankheiten heimgesuchten, zerstrittenen und sich selbst lähmenden Demokratien nichts entgegenzusetzen vermochten.

Zum zweiten hatte Hitler einen wirtschaftlichen Aufschwung eingeleitet. Der Bau der Autobahnen, die Ankurbelung der Schwerindustrie brachte Tausenden Arbeit und Brot. Rückblickend weiß man, daß beides der Kriegsvorbereitung diente, aber damals verkörperten Hitler und sein System die Hoffnung auf Wohlstand für breite Massen, während gleichzeitig die Frau des österreichischen Bundeskanzlers der Bevölkerung den Ratschlag gab, Wursthäute nicht wegzuwerfen, sondern daraus eine Suppe zu kochen. Daß die Devisenreserven der Deutschen Reichsbank rapide dahinschmolzen (einschließlich der beträchtlichen, nach dem Anschluß sofort von Wien nach Berlin gebrachten Devisenbestände der Österreichischen Nationalbank), daß Hitler also das deutsche Volk über seine Verhältnisse leben ließ, wußte natürlich niemand.

Drittens aber versinnbildlichte Hitlers Ziel einer Vereinigung Österreichs mit Deutschland nicht nur die Verwirklichung des Beschlusses des österreichischen Nationalrates von 1919, sondern die Verwirklichung des seit 1806 schlummernden Traumes vom Reich – das Dritte Reich würde nicht, wie das Zweite deutsche Kaiserreich (1871–1918), nur Rumpfdeutschland umfassen, sondern würde eine Wiedererrichtung des alten habsburgischen Heiligen Römischen Reiches deutscher Nation bedeuten. Während Hitler in Deutschland vornehmlich vom Kleinbürgertum (und der Großindustrie) getragen wurde, waren es in Österreich breite Teile des Bildungsbürgertums, der Intelligenz, die voll und ganz für den Anschluß eintraten; der Nationalsozialismus war für seine Befürworter in Österreich nicht so sehr Inhalt als vielmehr Mittel zur Erreichung des Zieles der nationalen Einheit aller Deutschen. Damit wird auch verständlich, warum ein Karl Renner und ein Theodor Innitzer – aus freien Stücken! – dazu aufriefen, bei der Volksabstimmung über den Anschluß Österreichs mit »Ja« zu stimmen.

Ich war damals sechs Jahre alt und erinnere mich sehr genau an die Tage unmittelbar nach dem Anschluß. Die Straßen Wiens waren voll von lachenden, glücklichen Menschen; auf den Straße standen Buden, in denen Fähnchen und Hakenkreuze aller Größen angeboten wurden. Ich weiß noch genau, wie ich meine Mutter anbettelte, mir ein bestimmtes, großes, silbrig schimmerndes Hakenkreuz zu kaufen, und wie betroffen ich war, als mir meine Mutter diesen Wunsch in viel schrofferer Weise abschlug, als es sonst üblich war, wenn eine unnötige Geldausgabe vermieden werden sollte. Damals spürte ich wohl zum ersten Male, daß mit der nunmehr angebrochenen neuen Zeit auch Dinge in Zusammenhang standen, die im Gegensatz zum Jubel der in den Straßen flanierenden Massen standen. Wie viele Österreicher gleichzeitig traurig, ja verängstigt und verzweifelt in ihren Wohnungen saßen, sah man nicht; auch jene, die bereits verhaftet waren, sah man nicht.

Ab März 1938 war Österreich Teil des Deutschen Reiches; der Österreicher hatte genau dieselben Rechte und Pflichten wie der Bayer oder der Preuße. Als der Krieg ausbrach, diente der Österreicher daher auch nicht in einer fremden Wehrmacht, sondern er kämpfte »für Führer, Volk und Vaterland«, wie es damals hieß, das heißt also für *sein* Volk, für *sein* Vaterland, in Wirklichkeit jedoch vornehmlich für seinen Führer und dessen Clique. Diese letztere Feststellung sei in aller Härte getroffen: Zu den größten Verbrechen des Hitler-Regimes zählt nicht nur, einen Weltkrieg vom Zaun gebrochen zu haben, sondern auch, zu einem Zeitpunkt, in dem der Krieg schon längst verloren war, noch Hunderttausende Angehörige des eigenen Volkes, Männer, Frauen und Kinder, im »totalen Krieg« in den Tod gehen zu lassen, noch Dutzende weitere deutsche Städte in Schutt und Asche versinken zu lassen, nur um die eigene Existenz noch um ein paar schäbige Monate, um ein paar schäbige Wochen zu verlängern. Und wenn es der heutigen Jugend unbegreiflich scheint, wie sich ein ganzes Volk bis zum bittersten Ende von einem totalitären Regime lenken lassen kann, so sei noch hinzugefügt, daß ich die jahrelange, totale Gehirnwäsche noch erlebt habe: Hätte man mir, dem damals Dreizehnjährigen, 1945 eine Panzerfaust in die Hand gedrückt, ich wäre den anrükkenden Panzern entgegenmarschiert, bereit, »für das Vaterland« zu sterben. Um so bewundernswerter ist es, daß sich dennoch – unter ständiger größter Todesgefahr – eine Widerstandsbewegung gegen das Hitler-Regime bildete. Es ist zu wenig bekannt, daß Wien die einzige Stadt des damaligen Großdeutschland war, in der es am 20. Juli 1944 tatsächlich zu einer Verhaftung der NS-Führung durch Widerstandskämpfer gekommen war.

Vor nicht allzu langer Zeit wurde die Frage gestellt, ob jemand, der als blutjunger Leutnant in der deutschen Wehrmacht am Balkan eingesetzt war, damit die Qualifikation verwirkt habe, ein halbes Jahrhundert später das höchste Amt im Staate anzutreten. Jedem, der dies fragt, ob Ausländer oder (junger) Österreicher, sei die Gegenfrage gestellt: Welche Entscheidungsfreiheit hatte ein junger Estländer, der – in Erfüllung der allgemeinen Wehrpflicht – zum Kriegsdienst in der russischen Wehrmacht in Afghanistan eingesetzt war, wieviel Entscheidungsfreiheit hatte ein junger Hawaiianer, der als (genauso unfreiwilliger) Leutnant der USA zum Kriegseinsatz nach Vietnam geschickt wurde? Österreich war damals genauso Teil des Deutschen Reiches wie Hawaii heute Teil der USA und Estland Teil der Sowjetunion ist. Angenommen, durch eine Fügung der Geschichte würde eines Tages Hawaii, würde Estland (wieder) zu einem selbständigen Staat. Wäre der junge Leutnant, mehr als eine Generation später, für höhere Aufgaben im Dienste Hawaiis, im Dienste Estlands, disqualifiziert?

Zurück nach Österreich. Je länger der Krieg dauerte, je mehr Schrekkenstaten des Regimes durchsickerten, desto stärker begann die Deutschland-Begeisterung von 1938 in ihr Gegenteil umzuschlagen; die schweren Zeiten der Selbständigkeit Österreichs 1918 bis 1938 erschienen immer mehr wie goldene Jahre. Daß sich das wiedererstandene Österreich nach 1945 nicht als ein besiegter, sondern als ein befreiter Staat fühlte, war keineswegs nur ein dialektischer Trick, der uns erlauben würde, uns um die Verantwortung für die vergangenen sieben Jahre herumzudrücken; nein, wir fühlten uns alle wie von einem Alptraum befreit, wir waren von diesem Alptraum wirklich »befreit«. Kein Wunder, wenn nach 1945 alles, was mit dem Wort »deutsch« zusammenhing, uns an Nationalsozialismus, an Terror und Krieg erinnerte und damit im Unterbewußtsein mit diesen Begriffen auch gleichgesetzt wurde.

An dieser Stelle sei daher noch eine Frage in aller Ruhe diskutiert, die Frage nach der Existenz einer österreichischen Nation.

In der Befürchtung, in der Bevölkerung Österreichs mögen immer noch Reste von Anschlußgelüsten vorhanden sein, wurde in den Jahren nach 1945 der Begriff der »österreichischen Nation« stark propagiert, stand in den Schulzeugnissen anstelle der Fachbezeichnung »Deutsch« das Wort »Unterrichtssprache«.

Rückblickend läßt sich wohl sagen, daß diese Befürchtung überflüssig war. Würde heute eine Volksabstimmung durchgeführt, ob Österreich ein Bestandteil der Bundesrepublik Deutschland werden wolle, z. B. als elftes deutsches Bundesland, so würde diese Abstimmung mit überwältigender Mehrheit, weit über 90 Prozent, zugunsten der Eigenstaatlichkeit Österreichs ausgehen. Gerade deshalb können wir es uns erlauben, den Begriff der »Nation« emotionslos zu beleuchten. Um es gleich vorwegzunehmen: Die Frage ist falsch gestellt. Der Nationsbegriff hat nämlich, vereinfacht gesagt, (mindestens) drei verschiedene Bedeutungen.

Der ursprüngliche, auf Herder zurückgehende Nationsbegriff bedeutet »Volk gleicher Zunge, daher Volk gleicher Kultur«. In diesem Sinne gehören die Deutsch-Schweizer, die Deutsch-Elsässer, die Bewohner der BRD und der DDR genauso zur deutschen Nation wie die (deutschsprachige) Bevölkerung Österreichs oder die Siebenbürger Sachsen.

Anders der angelsächsische und französische Begriff der »nation«; dieser Begriff bedeutet »Staatsvolk«. Alle französischen Staatsbürger, gleichgültig ob Franzosen, Bretonen, deutschsprachige Elsässer oder Algerier, sind Angehörige der französischen Nation.

Legt man also den Herder'schen Nationsbegriff zugrunde, gibt es keine österreichische Nation, legt man den anderen Nationsbegriff zugrunde, gibt es eine österreichische Nation.
Neben diesen beiden klassischen Nationsbegriffen hat sich in den letzten Jahrzehnten ein dritter herausgebildet, und zwar der Begriff der Willensnation. Demnach ist jede – ethnische oder staatliche – Einheit, die sich als Nation fühlt, auch als Nation zu bezeichnen. In diesem Sinne bildet die Gesamtheit aller Österreicher, die sich voll Überzeugung zu Österreich bekennen, eine Nation, die österreichische Nation.
Eigentlich ist der Sachverhalt noch um einiges komplizierter. So gibt es u.a. auch den Begriff der »Kulturnation«, der aber nicht eindeutig definierbar ist. Ein Beispiel: England und die USA stellen zwar im Herder'schen Sinne eine gemeinsame Nation dar, es ist aber durchaus sinnvoll, eine »amerikanische Literatur« zu unterscheiden, die sich von der Literatur Englands abhebt. In diesem Sinne ist es sicherlich auch richtig, von einer spezifischen »österreichischen Literatur« zu sprechen (Nestroy, Doderer); bei Beethoven und Brahms würden wir uns weit schwerer tun, sie einseitig für Österreich allein zu reklamieren.
Zusammenfassend: Es ist also müßig, eine allgemeine, verbindliche Feststellung treffen zu wollen, ob es nun eine österreichische Nation gibt oder nicht; durch eine apodiktische Behauptung dieser Art werden nur unnötigerweise Mißverständnisse hervorgerufen und Gräben aufgerissen, wo gar keine existieren müßten, einigte man sich vor Beginn der Diskussion darauf, welcher der drei Nationsbegriffe nun eigentlich gemeint sei.
Ich halte vielmehr eine andere Betrachtungsweise für zielführender und mit den historischen Entwicklungen ungleich besser vereinbar, eine Betrachtungsweise, die die Diskussion um die Existenz einer österreichischen Nation überflüssig macht.
Blicken wir einmal in die Schweiz. Der Deutsch-Schweizer fühlt sich mit derselben Selbstverständlichkeit als Schweizer, mit der wir uns als Österreicher fühlen. Dennoch wird er sich mit derselben Selbstverständlichkeit als Deutscher, im Herder'schen Sinne, fühlen, als Angehöriger jenes Kulturkreises, der einen Goethe, einen Gottfried Keller und einen Grillparzer hervorgebracht hat. Es ist dies nicht einmal die Frage eines Bekenntnisses, sondern nur des Bewußtseins einer simplen Tatsache. Für den Deutsch-Schweizer besteht darin kein Gegensatz, kein Widerspruch, sondern es handelt sich für ihn einfach um zwei unterschiedliche Ebenen.

Ein halbes Jahrhundert nach jenen traumatischen Ereignissen sollten auch wir Österreicher imstande sein, Vergangenheit zu »bewältigen«, uns den historischen Fakten unverkrampft zu stellen. Unser uneingeschränktes Bekenntnis zu Österreich ist wirklich nicht gefährdet, wenn wir Goethe und Schiller nicht als ausländische Dichter, sondern als *unsere* Dichter ansehen, wenn wir uns, in voller Analogie zum Deutsch-Schweizer, dessen bewußt sind, von der deutschen Sprache, von der deutschen Kultur geprägt zu sein. Wenn wir von Slowenisch-Kärntnern sprechen und damit jene loyalen Österreicher in Kärnten meinen, deren Muttersprache Slowenisch ist, können wir getrost auch die Mehrheit der Bevölkerung Kärntens als Deutsch-Kärntner bezeichnen, jene Österreicher in Kärnten, deren Muttersprache Deutsch ist.
Ich erinnere mich genau an die Begriffsverwirrung unter jenen Angehörigen der älteren Generation, die noch von der Anschlußsehnsucht der dreißiger Jahre geprägt waren und die nach 1945 nun nicht wußten, ob sie sich als Österreicher oder als Deutsche fühlen sollten. Ich habe ihnen damals die Frage gestellt: Möchtest du statt von Wien aus lieber von Bonn oder von Potsdam aus regiert werden? Mit voller Überzeugung antworteten sie: Nein! Dann sagte ich: Na also; dann besteht zwischen deinem Österreichertum und deinem Deutschtum überhaupt kein Gegensatz; du darfst dich ruhig als überzeugter Österreicher und *gleichzeitig,* im selben Sinne wie der Deutsch-Schweizer, als Deutscher fühlen; es sind dies einfach zwei unterschiedliche Ebenen.
Bei diesen zwei Ebenen handelt es sich eigentlich nur um einen Ausschnitt aus einer ganzen Stufenfolge von Ebenen: Jeder von uns fühlt sich *gleichzeitig* als Angehöriger seines engeren Wohnortes (Döbling, Bad Aussee usw.), seines Bundeslandes (als Wiener, als Steirer), als Österreicher, sollte sich auch dessen bewußt sein dürfen, von der deutschen Kultur geprägt zu sein, sollte sich darüber hinaus aber auch als Europäer, ja, als mitverantwortlicher Bürger dieser Welt fühlen. Jede Verengung dieser Stufenfolge auf die eine oder andere Ebene, jede Ausklammerung einer Ebene, wäre eine Verarmung. Gerade das Bewußtsein der Gleichzeitigkeit der Gültigkeit aller dieser Ebenen wird uns wesentlich helfen, nicht nur Vergangenheit zu »bewältigen«, sondern auch unsere Rolle und Aufgabe als Österreicher in der Welt von heute und von morgen deutlicher zu erkennen und zu erfüllen.

16 Zukunftsbewältigung

Das größte Zukunftsproblem wird nicht im politischen Bereich zu suchen sein, sondern in der Umweltproblematik, d. h. im Überwärmungsproblem und in der weltweiten Vergiftung der Biosphäre, die unser aller Überleben gefährdet.

In allen Diskussionen anläßlich des Gedenk- und Bedenkjahres 1988 war immer wieder durchgedrungen: Jene Ereignisse sollten genau studiert werden, um zu verhindern, daß sie sich in analoger Weise wiederholen. Was heißt »in analoger Weise«? Ist es wirklich das wichtigste Gebot der Stunde, unsere Blicke darauf zu fixieren, wo eine neuerliche Diktatur eines übersteigerten Nationalismus droht? Oder sollte nicht vielmehr die Analogie darin gesehen werden, nach bedrohlichen Zeichen *unserer* Zeit Ausschau zu halten, um rechtzeitig gegensteuern zu können – Zeichen, die vielleicht ganz anders geartet sind, als es die Zeichen jener Zeit gewesen waren?
Anders ausgedrückt: Wenn die Jugend von 1988 gefragt hat, konntet ihr Älteren wirklich nicht vorher erkennen, was sich 1938, was sich 1939 bis 1945 zugetragen hat, so sollten wir heute schon überlegen, welche Fragen die Jugend von 2038 an uns, an die Generation von 1988, richten wird. Welche Zeichen an der Wand sollten wir heute erkennen, um uns nicht 2038 demselben Vorwurf auszusetzen?
Überlegen wir zuerst, ob das Hauptproblem unserer Zeit wieder in einem übersteigerten Nationalismus zu suchen wäre, in der Theorie einer Herrenrasse, eines »Volkes ohne Raum«. Um die Antwort gleich in einem Satz zusammenzufassen: Mit Betroffenheit registrieren wir zwar in vielen Gegenden der Erde ein Wiederaufflammen nationalistischer Bewegungen, doch spielen sich diese heute nicht im zwischenstaatlichen Bereich, sondern jeweils im innerstaatlichen Bereich ab. Wenngleich viele Länder, bis hin zur Sowjetunion, das Wiedererwachen des Nationalbewußtseins ethnisch konzentrierter Völkerschaften erleben, ist doch ein auf Nationalismus beruhender Weltkrieg wirklich nicht zu befürchten.

Wie bereits in den »Megatrends für Österreich« ausgeführt, sind es unter der Vielzahl von Gegenwartsproblemen nur zwei, die alle anderen an Bedrohlichkeit weit überragen, indem sie den Fortbestand der Menschheit schlechthin in Frage stellen: Die Möglichkeit eines – vielleicht nur durch

Irrtum ausgelösten – weltweiten Nuklearkrieges und das Umweltproblem. In den »Megatrends« waren daraus Schlußfolgerungen für Österreich gezogen worden; in diesem Buch, in dem es nicht so sehr um Österreich, als um den Österreicher geht, seien daher Schlußfolgerungen für den Österreicher zu ziehen versucht.

Damit verlagert sich auch hier das Schwergewicht auf das zweite Problem. Darauf, ob im Kreml oder im Pentagon ein überarbeiteter Systemprogrammierer ein Testband falsch in den Computer eingibt und damit eine Raketenangriffs-Warnung, den Raketengegenangriff und den Raketen-Gegen-Gegenangriff automatisch auslöst, darauf hat der einzelne Österreicher herzlich wenig Einfluß.

Die Umweltsituation hingegen geht uns alle an, ja, wird von uns allen gemeinsam verursacht. Wir fahren Auto, wir heizen unsere Wohnungen, wir benützen Haushaltsgeräte, und wir erfreuen uns an einer Vielzahl billig, das heißt umweltbelastend hergestellter Produkte.

Ich bin fest davon überzeugt, daß es dieses Nicht-Erkennen der Vordringlichkeit der Umweltproblematik sein wird, das uns die Generation von 2038 zum Vorwurf machen wird, und zwar mit viel mehr Berechtigung. Die Ereignisse von 1939 bis 1945 waren 1938 ungleich weniger deutlich vorherzusehen, als es die Umweltproblematik heute ist.

Stark vereinfacht ausgedrückt, sind innerhalb der Umweltproblematik zwei große Problemkreise zu unterscheiden: Das Überwärmungsproblem und die Vergiftung der Biosphäre.

Das Überwärmungsproblem wird dadurch verursacht, daß der Mensch heute in weit höherem Ausmaß gebundene Energie freisetzt als in jeder früheren Periode seiner Geschichte. Wenn wir in einer Wohnung täglich einen Kübel Koks verheizen, so stellt sich in dieser Wohnung eine höhere Durchschnittstemperatur ein als außerhalb der Wohnung. Wenn die Menschheit in ihrer Wohnung, der Biosphäre, jener hauchdünnen Schicht zwischen Atmosphäre und Erdkruste, massiv gebundene Energie (Energie aus fossilen Energieträgern, aber auch Kernenergie) freisetzt, so dürfen wir uns nicht wundern, wenn es in dieser unserer Wohnung wärmer wird.

Im Falle der Verbrennung fossiler Energieträger (Kohle, Erdöl, Erdgas) kommt noch ein zweiter Überwärmungseffekt hinzu, der sogenannte Glashauseffekt: Bei der Verbrennung wird Kohlendioxyd frei, dessen stärkere Konzentration in der Atmosphäre die Rückstrahlung von eingestrahlter Sonnenenergie ins All hemmt. Ein verstärkter Übergang zur Nut-

zung von Kernenergie böte insofern keinen Ausweg, als auch diese durch Freisetzung gebundener Energie zur Überwärmung beiträgt; es würde nur das zusätzliche Problem des Glashauseffektes durch all die anderen bekannten zusätzlichen Probleme der Kernenergienutzung abgelöst.
Den jüngsten Modellrechnungen zufolge wird die jährliche Durchschnittstemperatur auf der nördlichen Hemisphäre innerhalb der nächsten zwanzig bis fünfzig Jahre um 1 bis 3 Grad Celsius steigen. Diese Erhöhung hätte wiederum großräumige Klimaveränderungen zur Folge: Die USA dürften jahrzehntelange Trockenheit erleben, in Zentraleuropa würden die Winter wärmer und feuchter. Schon heute haben viele Gebiete in Österreich, in denen man vor dreißig Jahren noch regelmäßig Schi fahren konnte, nur noch wenige Tage im Winter eine geschlossene Schneedecke. Die höheren Durchschnittstemperaturen werden aber auch zu einem Abschmelzen von Polareis und zu einem Ansteigen der Weltmeere führen, was wiederum zur Aufgabe der Besiedlung niedriger gelegener Gegenden zwingen könnte – Bangladesh, Holland, Dänemark, Hamburg und Umgebung. Daß dies kein undenkbares Horrorszenario darstellt, wird dadurch unterstrichen, daß die Nordsee vor Hamburg in den letzen 25 Jahren bereits um 16 Zentimeter gestiegen ist.
So ungeheuerlich die Überwärmungsproblematik auch zu sein scheint, stellt sie für mich doch nicht das eigentliche Umweltproblem dar, und zwar aus zwei Gründen nicht.
Erstens ist das Energieproblem eines der ganz wenigen Menschheitsprobleme, für das es eine Patentlösung gibt, nämlich den systematischen Übergang auf die Nutzung von sich erneuernden Energieträgern, insbesondere also der Sonnenenergie in allen ihren Formen.*) Wird Sonnenenergie z. B. zur Stromerzeugung verwendet, dieser Strom in irgendeiner Weise weiter genutzt, die letztlich wieder als Wärme anfällt, so handelt es sich um keine Freisetzung gebundener Energie, um keine einseitige Beeinflussung des Energieaustausches All-Erde-All. Auch ist Sonnenenergie, verglichen mit anderen Energieformen, praktisch frei von Schadstoffen. Kontrollrechnungen haben längst erwiesen, daß eine rein hydrosolare Energieversorgung der gesamten Menschheit auch auf einem höheren als

*) Bruckmann, G.: Sonnenkraft statt Atomenergie – Der reale Ausweg aus der Energiekrise. Molden-Verlag 1978, bzw. Goldmann-Taschenbuch Nr. 11 274, München 1980.

dem heutigen Verbrauchsniveau durchaus möglich ist, an keinerlei Beschränkungen stößt und auch nicht teurer wäre als jede andere alternative Großlösung auch. Angesichts der mit Sicherheit zu erwartenden Verknappung von Erdöl und Erdgas wäre es daher nicht nur aus ökologischen, sondern auch aus ökonomischen Gründen dringend geboten, ehestens entschlossene Weichen in Richtung Solarenergie zu stellen.
Der zweite Grund, warum ich im Überwärmungsproblem nicht das Haupt-Umweltproblem sehe: Angenommen, die Umweltproblematik bestünde ausschließlich im Erwärmungsproblem – dann wären zwar größte Schwierigkeiten, auch weltpolitischer Art, zu erwarten, die Menschheit wäre aber in ihrem Fortbestand nicht gefährdet. Ungleich größere Bedeutung kommt demnach dem zweiten Umwelt-Problemkreis zu, der Vergiftung unserer Biosphäre (Luft, Wasser, Boden) durch anhaltende Zufuhr von Fremdstoffen. Unser hochtechnisches System emittiert heute Tausende von Verbindungen in die Umwelt, die es in keiner früheren Epoche der Menschheit je gab und die, wenn ihre Konzentration einmal ein bestimmtes Ausmaß erreicht hat, allein durch diese Konzentration zu Giften werden. Jedes bißchen Abwasser, Abgas, Müll mag nicht giftig sein; die Millionen »Bißchens« aber sind es.

Diese Problematik sei beispielhaft an einer einzigen Substanz, den Fluor-Chlor-Kohlenwasserstoffen (FCKWs), illustriert.
Diese Verbindungen waren bis vor einer Generation praktisch unbekannt. Dann stellte sich heraus, daß sie für viele Zwecke nützlich waren – als Treibgas in Spraydosen, als Weich- und Hartschaumstoffe, für Feuerlöscher, für Kühlaggregate von Kühlschränken und für viele medizinische Anwendungszwecke. Ja, der Einsatz von FCKWs wurde sogar vom ökologischen Standpunkt aus begrüßt; handelt es sich doch um »chemisch inerte« Verbindungen, d. h. solche Verbindungen, aus denen beim Zusammentreffen mit anderen Materialien keine giftigen Substanzen entstehen. Niemandem fiel aber ein, danach zu fragen, was mit chemisch inerten Verbindungen geschieht, die es vorher in der Biosphäre nicht gab, die aber nunmehr in immer größerem Ausmaß in die Biosphäre emittiert werden.
Erst 1974 wiesen zwei Wissenschaftler darauf hin, daß FCKWs aus der Troposphäre in die Stratosphäre aufsteigen und dort die (das Leben auf der Erde schützende) Ozonschicht auflösen könnten. Diese – damals absurd

erscheinende – These ist inzwischen allgemein anerkannte wissenschaftliche Erkenntnis geworden: Die Freisetzung von FCKWs in den letzen Jahrzehnten hat heute nicht nur zum Ozonloch über der Antarktis und zu einem beginnenden Ozonloch über der Arktis geführt, sondern dürfte die gesamte Ozonschicht in der Stratosphäre schon um drei bis fünf Prozent verringert haben.

Die Problematik geht aber weiter. Angenommen, es gelänge, den Einsatz von FCKWs weltweit von derzeit einer Million Tonnen schlagartig auf Null zu reduzieren. Dann würde die Problematik trotzdem noch mehrere Jahrzehnte hindurch zunehmen! Die schon heute in der Troposphäre befindlichen FCKWs werden nämlich erst in den nächsten Jahren und Jahrzehnten in die Stratosphäre aufsteigen und ihr Vernichtungswerk unter den Ozonmolekülen verrichten. Proberechnungen zufolge würden sich – in diesem günstigsten aller Fälle – vorindustrielle Verhältnisse in der Stratosphäre frühestens in 300 Jahren wieder einspielen.

Dabei kann von einer weltweiten Reduktion auf Null keine Rede sein. Mit größter Mühe ist gelungen, auf internationaler Ebene das »Montrealer Protokoll« zustandezubringen, eine Übereinkunft, die einen (sehr langsamen!) Ausstieg aus den FCKWs vorsieht, ein Übereinkommen, an das auch nur jene Staaten gebunden sind, die es ratifiziert haben. Viele Länder der dritten Welt, auch die Volksrepublik China, haben aber erst – mit hohen Krediten – ihre Produktionsanlagen fertiggestellt. Sie sagen: Wenn Ihr reichen Länder nicht wollt, daß diese Anlagen in Betrieb gehen, so müßt Ihr uns deren Ausfall abgelten. Welche Institution des Westens, welche Länder sind zuständig und willens, diese Beträge auf Kosten der jeweiligen Steuerzahler aufzubringen?

Am Beispiel der FCKWs wird verschiedenes klar.

Zunächst: Bei vielen Umweltproblemen hilft es nicht, nach Schuldigen zu suchen. Entweder gibt es keine, oder aber wir sind schuldig, alle miteinander. Und selbst in den wenigen Fällen, in denen Schuldige identifiziert werden können (etwa die drei für den Tschernobyl-Unfall verantwortlichen Ingenieure) schafft deren Identifizierung das Problem nicht aus der Welt.

Zweitens: Es bieten sich keine rasch wirksamen Patentlösungen an.

Drittens aber sind die Folgewirkungen so langfristiger und komplexer Art, daß die (nicht vorhandenen) Patentlösungen schon längst hätten gefunden und in die Tat umgesetzt werden müssen.

Dabei steht das Beispiel der FCKWs nur stellvertretend für unzählige ähnliche Beispiele der weltweiten Verwendung neuer Materialien, über deren Folgeschäden wir zuwenig Bescheid wissen. Die Umweltproblematik kann verglichen werden mit einem weitverzweigten Eisgebirge, das langsam als Ganzes auftaucht und von dem hier und dort immer mehr einzelne Spitzen sichtbar werden. An einzelnen aufgetauchten Spitzlein herumzuhakken, genügt längst nicht mehr.

In dieser Situation liegt die Versuchung nahe, fassungslos zu fragen: Ja, sind denn die da oben ganz verrückt? Haben die Verantwortlichen in Österreich, die Verantwortlichen in dieser Welt kein anderes Ziel, als uns alle – sich selbst inbegriffen – zugrunde zu richten?

Diese Fassungslosigkeit erlebt die Wissenschaft schon lange. Da schreibt ein Wissenschaftler – beispielsweise – nach langjährigen Forschungen ein dickes Buch, in welchem er nachweist, daß nach der nördlichen Adria die gesamte Adria, danach das gesamte Mittelmeer, danach alle Weltmeere nur noch eine tote, stinkende Brühe sein werden, wenn nicht entschlossene Gegenmaßnahmen gesetzt werden, gibt seinem Buch noch den aufrüttelnden Titel »Rettet die Meere!« – und nichts geschieht. Niemand setzt sich den Hut auf, zieht Wasserstiefel an, geht hinaus und rettet sie.

Diese Fassungslosigkeit geht von der naiven Vorstellung aus, daß es doch irgend jemanden Zuständigen geben müsse, der ein Machtwort spricht, so daß die Umwelt plötzlich gesund ist. In Wirklichkeit ist unsere Umweltsituation jedoch das Resultat von Tausenden, ja, von Millionen von Einzelentscheidungen, auch von jedem von uns.

Gleich ein Beispiel: Wenn der Benzinpreis alle durch den Autoverkehr verursachten Umweltschäden abdecken sollte, so müßte ein Liter rund 40 Schilling kosten. Nehmen wir an, liebe Leser, Sie wären in einer Aufwallung von Umweltbewußtsein bereit, diese 40 Schilling zu bezahlen. Ist Ihnen aber klar, daß dann auch alle Güter des täglichen Bedarfes erheblich teurer wären, weil sich ja dieser erhöhte Benzinpreis auch in erhöhten Transportkosten niederschlagen würde? Es würden also nicht nur Ihre Autofahrten, sondern Ihre gesamte Lebensführung erheblich verteuert. Nicht nur das: Den österreichischen Transportunternehmern müßten wir die Differenz aus allgemeinen Steuermitteln abgelten, damit sie nicht von der weiterhin mit billigem Benzin fahrenden ausländischen Konkurrenz ruiniert werden; auch würden alle Bewohner von Grenzbezirken im Ausland tanken, und wir hätten in doppelter Hinsicht das Nachsehen.

Sie werden sagen: Aber in vielen Bereichen müßte man doch mit rigorosen Verboten vorgehen! Schön: Zu den allerärgsten Giften für unsere Böden (und damit auch für das Trinkwasser aus Grundwasservorkommen) gehören Maschinenöle. Es wird jedoch geschätzt, daß rund ein Drittel aller Autofahrer ihren Ölwechsel nicht in einer Werkstätte durchführen lassen, sondern selbst vornehmen und das Altöl irgendwo im Boden versikkern lassen. Liebe Leser, dies ist streng verboten! Aber was hilft's?
Eine Untersuchung des Dr. Fessel + GfK-Institutes hat ergeben, daß es überhaupt nur rund 50 Prozent der Österreicher sind, denen die Umweltpolitik ein Anliegen ist. Diese zerfallen in drei Gruppen: den »alternativen Kern« (11 Prozent), die »naturbesorgten Traditionalisten« (20 Prozent) und die »traditionell Wertorientierten« (19 Prozent). Auf der Gegenseite finden sich der »Technokratische Mainstream« (18 Prozent), der die alternativen Strömungen grundsätzlich ablehnt, die »leistungsorientierten Materialisten« (15 Prozent) mit einer sehr niedrigen Sensibilität gegenüber den Umweltproblemen und schließlich die »distanziert abwartenden Zeitgeistler« (17 Prozent), welche die Umweltschäden nicht dramatisiert sehen wollen. Wenn nun eine Volksvertretung einen repräsentativen Querschnitt durch die Auffassungen der Gesamtbevölkerung wiedergeben soll, dann dürfen wir uns nicht wundern, wenn auch die nationalen Parlamente, einschließlich des Österreichischen Nationalrates, diese Meinungsverteilung widerspiegeln. Die Abgeordneten der Grünen entsprechen wohl dem »alternativen Kern«; unter den Abgeordneten der traditionellen Parteien gibt es viele, die der Gruppe der »naturbesorgten Traditionalisten« oder der »traditionell Wertorientierten« zugeordnet werden können, aber sicherlich mehr, die in ihrer Denkweise den drei andersdenkenden Gruppen der angeführten Typologie entsprechen.
In der Tat spielt sich die umweltpolitische Gesetzgebung zunehmend nicht mehr auf dem Boden der klassischen Parteigrenzen ab, sondern verläuft quer. Ein Beispiel: Bei den Vorberatungen zur Novelle der Dampfkesselverordnung, dem sogenannten Luftreinhaltegesetz, fanden sich auf der einen Seite die Vertreter der Land- und Forstwirtschaft sowie die umweltorientierten Abgeordneten aller Parteien, auf der anderen Seite Vertreter der Gewerkschaften und der Wirtschaftsverbände, wieder quer durch die Parteien. Erstere kämpften für strenge Normen und kürzere Übergangsfristen, letztere wiesen darauf hin, daß viele Betriebe zusperren müßten, wenn ihnen plötzlich härtere Normen und kürzere Übergangsfristen vor-

geschrieben würden, als sie – im Vertrauen auf die gegenwärtige Gesetzeslage – ihren letzten Großinvestitionen zugrunde gelegt hatten.
Und damit kam es auch beim Luftreinhaltegesetz zu einer Lösung, die bestimmte Anpassungszeiten einschloß. Und wenn Sie, lieber Leser, durchaus zu Recht erwidern, daß Umweltpolitik nicht kompromißfähig ist, daß die Verwendung von FCKWs eigentlich weltweit sofort auf Null reduziert werden müßte, ist nüchtern festzuhalten, daß dann auch der Autoverkehr weltweit ab sofort eingestellt werden müßte, daß Sie dann morgen früh kein Brot und keine Milch hätten. Und wenn Sie beim Autoverkehr Kompromisse zuließen – wo ist die Grenze, bis zu der Kompromisse zuzulassen sind?
Wir alle neigen dazu, überall dort, wo wir nicht unmittelbar zuständig sind, im Brustton der Überzeugung Kompromißlosigkeit zu fordern – bei der bösen Industrie oder bei Großkraftwerken; wo wir aber selbst unmittelbar betroffen sind, also beim Hausbrand oder beim Verkehr, ziehen wir uns auf die Argumentation zurück: Unsere heutige Hochzivilisation läßt uns ja keine andere Wahl, als Elektrogeräte zu benützen und Auto zu fahren.
Damit ist aber Umweltpolitik in ungleich höherem Maße in unser aller Hand gelegt, als wir uns selbst eingestehen wollen. Umweltpolitik kann nicht von irgend jemandem »da oben« gemacht werden, von dem wir gleichzeitig billigen Strom, billiges Benzin und billige Bedarfsgüter des täglichen Lebens erwarten; Umweltpolitik wird von uns allen gemeinsam gemacht.

17 Was kann der einzelne tun?

Es genügt nicht, sich auf »die da oben« zu verlassen; nur wenn jeder einzelne seinen Beitrag leistet, kann es auch zu einer Änderung des Umweltbewußtseins kommen. Hiezu bestehen weit mehr Möglichkeiten, als man auf den ersten Blick annehmen würde.

Umweltpolitik wird von uns allen gemeinsam gemacht.
Dies gilt in zweierlei Hinsicht.
Zunächst einmal ist festzuhalten, daß in einem demokratischen System entschlossene umweltpolitische Maßnahmen nur dann von den gewählten Mandataren, von der gewählten Regierung, erwartet werden können, wenn diese einigermaßen sicher sein können, daß diese Maßnahmen von einer breiten Öffentlichkeit mitgetragen werden. Jeder von uns ist daher aufgerufen, durch entsprechende Aufklärung in der Familie, im Freundeskreis, am Arbeitsplatz, dazu beizutragen, daß der Prozentsatz der Österreicher, die einer der drei im vorigen Kapitel genannten Gruppen angehören, deutlich über die 50-Prozent-Marke angehoben wird.
Zweitens aber, und noch wesentlich wichtiger, kann jeder von uns unmittelbar seinen Beitrag zur Schonung unserer natürlichen Lebensgrundlagen leisten. Von Paul de Lagarde stammt der schöne Ausspruch: Jeder hat die Chance, mindestens einen Teil der Welt zu verbessern, nämlich sich selbst. Was mir insbesondere an linksorientierten Weltverbesserern, von Karl Marx bis hin zu vielen Exponenten der Neuen Linken von 1968, am meisten mißfallen hat, war, daß sie auf der einen Seite scharfsinnig analysierten, wie korrupt diese Welt sei und wie eine ideale Welt aussehen müßte, daß sie in ihrem persönlichen Leben aber keineswegs diesen ihren Idealvorstellungen entsprachen. Umgekehrt nötigt es mir großen Respekt ab, wenn es Menschen gibt, die jene Ziele, die sie für die Welt als Ganzes für richtig ansehen, auch in ihrem persönlichen Dasein vorleben.
Was kann also der einzelne tun, um seiner Umweltgesinnung auch in seinem täglichen Leben Rechnung zu tragen und damit nicht nur einen unmittelbaren Beitrag zu leisten, sondern vielleicht auch Beispielswirkung zu erzielen? Die Palette ist ungleich breiter, als wir auf den ersten Blick vermuten würden. Im folgenden seien nur einige Beispiele erwähnt; es werden Ihnen, liebe Leser, unschwer weitere in den Sinn kommen – ja, vielleicht gehen Sie in Ihrem Verhalten über diese Beispiele bereits weit hinaus.

Am leichtesten ist es, einen Beitrag zur Verringerung der Verkehrsbelastung zu leisten. Anläßlich des nächsten Autokaufs wird zu überlegen sein, anstelle eines Benzinfressers ein sparsameres Kat-Auto anzuschaffen und auch dieses regelmäßig auf optimale Einstellungen überprüfen zu lassen. Auch in der Fahrweise (»Gleiten statt Hetzen«, Vermeidung häufiger Kaltstarts) liegt ein Potential, das sich aufsummieren kann. Vielleicht lassen sich auch Fahrgemeinschaften bilden, nicht nur für die Fahrt zur Arbeit, sondern auch, etwa indem jeweils mehrere Kinder aus der Nachbarschaft gemeinsam zur Schule gebracht werden.
Überlegen Sie aber vor jeder Autofahrt prinzipiell, ob nicht auch ein öffentliches Verkehrsmittel in Frage käme. Wenn Sie mit dem Auto Ihr Ziel innerhalb einer halben Stunde erreichen, mit einem öffentlichen Verkehrsmittel jedoch eine Stunde benötigen würden, so kann dies immer noch günstiger sein, falls Sie diese Stunde zum Lesen (oder auch nur zum Entspannen) nützen können, die Autofahrt aber sicher nicht. Von der Parkplatzsuche abgesehen, muß das Auto nicht einmal billiger sein – auch wenn Sie nicht die Fixkosten, sondern nur die laufenden Kosten des Betriebes eines PKW zum Vergleich heranziehen, so betragen diese rund das Zweieinhalb- bis Dreifache der reinen Benzinkosten, denn Sie dürfen ja auch die gelegentlichen kleineren oder größeren Blechschäden nicht vergessen, die auf die durchschnittlichen Jahreskosten umzulegen sind. Dazu kommt die höhere Sicherheit: Einer eben in der Zeitschrift »Verkehrspolitik« veröffentlichten Untersuchung zufolge ist das Risiko, bei einer Reise getötet zu werden, auf der Straße fast dreißigmal größer als auf der Schiene, das Verletzungsrisiko fast zweihundertmal größer!
Das mit Abstand energiesparendste Fortbewegungsmittel ist das Fahrrad. In Österreich war es nie ganz ausgestorben; vor allem im Einzugsgebiet von kleineren und mittelgroßen Städten wurde und wird es von Angehörigen aller Altersstufen, Schichten und Weltanschauungen benützt.

Ein weiterer Bereich, in welchem ohne wesentliche Einbuße an Lebensqualität ein erhebliches Sparpotential besteht, ist der Energieverbrauch. Dies beginnt schon bei der Taschenlampe, die Sie im Nachtkästchen haben, um bei einem Stromausfall den Weg zur Petroleumlampe zu finden. Wird die Taschenlampe wirklich einmal gebraucht, ist die Batterie erschöpft, wird weggeworfen und durch eine neue ersetzt, die beim nächsten Stromausfall wieder erschöpft ist. Ein Dynamo-Taschenlämpchen ist

verläßlicher, umweltschonender und billiger. Dasselbe gilt für den Solarrechner anstelle des batteriebetriebenen Taschenrechners.
Beim Energieverbrauch schlägt sich das umweltgerechte Verhalten unmittelbar in den verringerten Kosten nieder, meist auch in erhöhter Gesundheit: Bessere Abdichtung der Fenster und Türen vermeidet Zugluft; auch ist eine etwas niedrigere Zimmertemperatur im Winter gesünder als eine zu hohe. Auch bei Haushaltsgeräten bestehen große Unterschiede im laufenden Verbrauch.
All dies ist bekannt; darüber hinaus gibt es ein paar Tricks, an die man vielleicht nicht sofort denkt. So kann man, wenn man etwas aus der Gefriertruhe zu verwenden beabsichtigt, das betreffende Gut ein paar Stunden vor der Verwendung in den normalen Kühlschrank legen und damit doppelt Energie sparen. Elektro-Kochplatten kann man schon vor dem Aufkochen des Kochgutes abdrehen; ja, mit ein bißchen System kann man den optimalen Zeitpunkt für das Abdrehen in den Griff bekommen.

Ein wenig mehr Mühe erfordert es, einen Beitrag zur Müllvermeidung beziehungsweise -verwertung zu leisten. Die Rückseite von einseitig beschriebenen Papieren wird schon vielfach für Notizen verwendet. Mit Einkaufsnetzen erspart man den Verbrauch von Plastiksäcken. Es ist keine Schande, Kinderkleidung, denen das Kind entwachsen ist, gezielt weiterzugeben oder auch in Empfang zu nehmen. Mülltrennung wird – hinsichtlich Glas und Papier – schon allgemein angenommen; was noch fehlt, sind funktionierende Systeme zur Wiederverwertung von Alu- und Weißblechdosen. Hier wäre eine gemeinsame Tonne vorzusehen, da die Unterscheidung dem Verbraucher nicht zugemutet werden und die Trennung vor dem Wiedereinschmelzen durch einen Magneten ganz leicht automatisch erfolgen kann, wie dies in der Schweiz schon realisiert ist.

Noch etwas schwieriger ist es, den Gebrauch von Haushaltschemikalien einzuschränken. Innerhalb einer Generation ist deren Gebrauch von praktisch Null auf mehr als 100 Kilogramm pro Vier-Personen-Haushalt im Jahr angewachsen; sie zählen in Produktion und Verbrauch zu den stärksten Umweltbelastern. Bei vielen dieser Materialien bedeutet eine Einschränkung oder der Verzicht wahrhaft keine Einbuße an Bequemlichkeit, z. B. wenn anstelle des chemischen Abflußreinigers die gute alte Saugglocke verwendet wird. Auch hier ist also die Entscheidungsfreiheit des Verbrau-

chers in höherem Maße gegeben als vielfach angenommen wird: Für Produkte in FCKW-Spraydosen gibt es fast immer Alternativen.
Altbatterien, abgelaufene Arzneimittel oder kaputte Fieberthermometer gehören nicht in den Hausmüll. Wir wissen es, aber die Entsorgung gelingt trotzdem nicht: Haben wir brav alte Arzneimittel, Lackreste usw. zur Sondermüll-Sammelstelle geschleppt, ist diese womöglich gerade geschlossen. Kürzlich sah ich in einem größeren Wohnhaus auf dem Hausbriefkasten hinter der Haustür einen Pappkarton stehen mit der Aufschrift: »Für Altbatterien«. Irgendein Hausbewohner hatte ihn hingestellt, offenbar bereit, den Karton, sooft er einigermaßen gefüllt ist, zur Sammelstelle zu tragen. Und sollte in Österreich in absehbarer Zeit wirklich ein funktionierendes Rücknahmesystem für Altbatterien eingeführt werden – was wäre mit einem derartigen Karton für anderen Sondermüll, also Lackreste, alte Arzneimittel usw.? Mit ein bißchen Nachdenken und ein bißchen Bereitschaft des einzelnen zu ein bißchen Mehrleistung läßt sich oft eine ganz simple Lösung finden.
Eines der größten Probleme wird in den kommenden Jahren weltweit, aber auch in Österreich, in der Trinkwasserversorgung gesehen werden müssen. Wir sind bisher viel zu sorglos mit unserem Wasser umgegangen – im Verbrauch einerseits, in der Gefährdung der Wasservorräte andererseits. Zur Verringerung der Gefährdung kann der Verbraucher ebenfalls beitragen (etwa, indem er kein Altöl wegschüttet), vor allem aber in der Reduzierung des Verbrauches. So kann man nicht nur Wasser sparen, indem man den Geschirrspüler und die Waschmaschine nur laufen läßt, wenn sie wirklich voll sind (und »zwischendurch« durchaus auch einmal wieder mit der Hand wäscht!); man kann sich auch den Vorwaschgang ersparen, wenn man stark verschmutzte Wäsche statt dessen vorher einweicht. Das Wasser vom Eierkochen (und anderes unverschmutztes Nutzwasser) kann – abgekühlt – zum Blumengießen verwendet werden usw. Beim Duschen verbraucht man ungleich weniger Wasser als bei einem Vollbad. Man kann aber mit noch viel weniger Wasser das Auslangen finden: Den ganzen Körper einseifen, dann kurz heiß abduschen und (noch kürzer) kalt nachduschen.
Ich bleibe bei diesem letzten Beispiel, um den Faden weiterzuspinnen. Wenn sie nun mit verklärtem Augenaufschlag sagen: Ach, für mich gehört es mit zum Schönsten im Leben, so richtig lange unter der heißen Dusche zu stehen, dann ist meine Antwort ganz trocken: Genau das ist das Pro-

blem. Wo wir auf eine Annehmlichkeit verzichten müßten, hört sich für uns das Umweltbewußtsein auf. Und genau deshalb, weil jeder gerade auf seine Annehmlichkeit, sein billiges Benzin, seine billigen Konsumgüter, nicht verzichten möchte, sind wir in die gegenwärtige weltweite Umweltproblematik hineingeraten.

Nun werden Sie erwidern: Aber auf mein bißchen Heißwasser, auf mein bißchen Benzin, auf meinen Geschirrspülautomaten kann es doch wirklich nicht ankommen! Gewiß: Wenn Sie der einzige wären, käme es auf Sie nicht an; aber wenn Tausende, Millionen, Milliarden dieselben Ansprüche stellen, wird es für die Menschheit letal.

Die Umweltproblematik stellt ein klassisches Beispiel einer »sozialen Falle« dar, einer Situation, in der das (scheinbar) rationale Verhalten jedes einzelnen zur Katastrophe für die Gesamtheit führt. Wenn im Hochsommer Wasserknappheit droht, füllt die kluge Hausfrau zunächst einmal ihre Badewanne, ja, erneuert dieses ihr Reservewasser womöglich tagtäglich, und erzeugt gerade dadurch erst recht die Wasserknappheit. Die Tragik dieser sozialen Fallen liegt darin, daß dieses Verhalten als klug angesehen wird, unabhängig davon, wie groß der Anteil derer ist, die sich korrekt verhalten: Wenn alle Wasser sparen, kann ich mir getrost erlauben, die Badewanne täglich auszulassen und neu zu füllen; wenn niemand spart, muß ich um so mehr trachten, Wasser zu horten, solange es noch fließt.

Neben diesem häufigsten Typus einer sozialen Falle gibt es noch einen anderen Typus, der in der Literatur als der Fall des fehlenden Helden bezeichnet wird. Klassisches Beispiel aus der österreichischen Geschichte: Als 1386 die waffenstarrende Phalanx der österreichischen Ritter bei Sempach gegen das ungeordnete Fußvolk der Eidgenossen vorrückte, schienen diese keine Chance zu haben außer der Flucht. Der Sage nach soll Arnold von Winkelried mit dem Ruf »Der Freiheit eine Gasse« gegen die berittenen Österreicher vorgeschritten sein, mehrere gegen ihn gerichtete Lanzen gleichzeitig ergriffen und in die eigene Brust gebohrt haben. Die Ritter stürzten mit ihm; flugs sprangen die Bauern in die Gasse, zogen die schwerfällig gepanzerten Ritter von hinten vom Roß, erschlugen sie und gewannen einen glorreichen Sieg. Hiezu hatte es allerdings *eines* Arnold von Winkelried bedurft – eines, der sich für alle opfert.

Wir finden diese Problematik heute wieder in der Standortfrage für Sondermülldeponien. Gewiß, wir werden Sondermülldeponien benötigen, aber doch nicht in meiner Gemeinde! Im Augenblick, in dem durchsickert, in welcher Gemeinde eine Sondermülldeponie allenfalls errichtet werden könnte, erhebt sich ein einmütiger Protest, kommt es zu einstimmigen Beschlüssen des Gemeinderates, verstärkt durch massive Bürgerinitiativen: Überall sonst, aber nur bei uns nicht.

Wo ist der Ausweg?

Gerade im Fall der Sondermülldeponie ist er nicht schwer zu finden. Zunächst geht es um eine Versachlichung der Diskussion, darum, das Wort »Sondermüll« seines Schreckens zu entkleiden. Bauschutt ist Sondermüll, auch Schnee gilt als Sondermüll; von den insgesamt alljährlich in Österreich anfallenden über zehn Millionen Tonnen Sondermüll sind nur eine halbe Million Tonnen sogenannter »gefährlicher« Sondermüll, d. h. Lackreste, Altbatterien usw., also Materialien, die bei unsachgemäßer Lagerung das Grundwasser gefährden könnten. Diese Materialien finden sich aber auch in den rund 3 000 Altdeponien, die, weit weniger (oder gar nicht) abgesichert, ganz Österreich überziehen! Der Bürgermeister, der Gemeinderat und die Bürger jeder dieser Gemeinden hätten weit mehr Anlaß, unruhig zu schlafen, als jene Gemeinden, die der Errichtung einer Sondermülldeponie zustimmen. Diese Sondermülldeponien (besser: Spezialdeponien) werden zweifellos so abgesichert errichtet werden, wie es sich jede der 3 000 Altdeponien nur erträumen könnte.

Daraus geht aber auch hervor, daß mit Panikmacherei, mit Ohne-Uns-Mentalität, eine konstruktive Umweltpolitik nicht möglich ist. Die erforderliche Bewußtseinsänderung, an der jeder von uns mitwirken kann, geht also weit tiefer als auf den ersten Blick ersichtlich ist. Selbst wenn wir alle bemüht sind, unseren Konsum an umweltbelastenden Stoffen einzuschränken, den Müllabfall zu reduzieren, wird es noch auf viele Jahre hinaus Müll, und damit auch Sondermüll, geben. Und mit diesem Sondermüll müssen wir versuchen, bestmöglich zu Rande zu kommen. Es ist eindeutig das kleinere Übel, diesen Sondermüll an geeigneten Standorten sachgemäß zu deponieren, als ihn mit absichtlich geschlossenen Augen kleinweise dem normalen Müll beizumischen, was dann keine Bürgerbewegungen auf den Plan ruft, weil diese gar nichts davon merken.

Der Umdenkprozeß muß wirklich von einer breiten Mehrheit mitgetragen werden. Ein weiteres Beispiel: Uns allen ist klar, daß unsere Großstädte dringend einer Verlagerung vom Individualverkehr zum öffentlichen Verkehr bedürfen. Eine Voraussetzung hiezu wäre die Schaffung von genügend Parkraum an den Endstationen der öffentlichen Verkehrsmittel (in Wien also etwa an den U-Bahnhaltestellen Hütteldorf und Heiligenstadt) sowie eine Attraktivitätssteigerung der öffentlichen Verkehrsmittel (kürzere Intervalle, insbesondere in den Abendstunden). Wie die Erfahrung gezeigt hat, genügt dies jedoch noch nicht, solange dem Auto noch der Charakter des Noblen und den öffentlichen Verkehrsmitteln der Charakter des Ärmlichen anhaftet. Der Stadt Zürich ist es gelungen, durch eine (parallel mit Intervallverkürzungen durchgeführte) großangelegte Werbekampagne das Image der Straßenbahn so aufzuwerten, daß das verbesserte Verkehrsangebot auch tatsächlich angenommen wurde.

Stockholm ist noch einen Schritt weiter gegangen: Wer auch immer im Stadtgebiet mit einem Pkw fährt, muß eine Zeitkarte der öffentlichen Verkehrsmittel sichtbar hinter der Windschutzscheibe angebracht haben. Warum nicht auch in Wien? Es könnte dies – wahlweise – eine Jahreskarte, eine Monatskarte oder auch nur ein für den betreffenden Tag entwerteter Streifen der 8-Tage-Umweltkarte sein. Dies hätte eine doppelt segensreiche Funktion: Der Autofahrer übernimmt einen (winzigen) Teil der vom Auto verursachten Umweltkosten, und er hat gleichzeitig einen Anreiz, sein Auto irgendwo stehenzulassen und mit der für den betreffenden Tag gültigen Karte quasi unentgeltlich die öffentlichen Verkehrsmittel zu benützen.

Überlegungen dieser Art könnten noch beliebig fortgesetzt werden. Den Einsichtigeren wird sich die bange Frage aufdrängen: Angenommen, der günstige Fall tritt ein; wir verhalten uns alle umweltkonform, fahren weniger Auto, verbrauchen weniger Wasser, weniger Energie, kaufen umweltbewußter ein – wird das reichen? Wird dies genügen, um der nächsten Generation eine lebenswerte Umwelt zu hinterlassen?

Vielleicht ist es gut, daß wir nicht wissen, ob es noch fünf Minuten vor zwölf oder fünf Minuten nach zwölf ist. Aber es kann zumindest eine Je-Desto-Antwort gegeben werden: Je mehr wir bemüht sind, desto eher wird dieses Ziel erreicht werden können. Aber noch etwas steht fest: Es wäre denkbar, daß eine sich rapide verschlechternde Umweltsituation eines nicht allzu fernen Tages drastische, ja, drakonische Maßnahmen erfordern wird. Dann werden uns diese Maßnahmen um so weniger hart treffen, je mehr wir schon vorher unser Wirtschaftssystem, unser aller Verhalten, in diese Richtung umgepolt haben.

18 Ein Volk von Gaunern?

Skandale, von Lucona bis Lainz, haben unser Selbstverständnis erschüttert. Sind wir ein Volk von Gaunern? Werden wir von Gaunern regiert? Kann man ohnehin nichts tun, oder ist Österreich auf dem Weg, reinen Tisch zu machen? Auch hier kann jeder einzelne seinen Beitrag leisten.

Jahrelang hatten wir uns in der Einbildung gesonnt, Insel der Seligen zu sein, Liebkind der Völkerfamilie, hatten unser Klischeebild von Mozart bis zur Mozartkugel nicht nur nach außen hin genährt, sondern auch schon selbst geglaubt. Innerhalb kürzester Frist ist dieses Bild zerstoben: Unfaßbare Skandale brachen auf, von AKH bis Lucona; die Waldheim-Diskussion stellte unser politisches Selbstverständnis weltweit in Frage; und mit den Geschehnissen in Lainz zerbrach auch noch der Glaube an unser goldenes Herz. War das nun der wahre Österreicher – jeder Österreicher ein »Herr Karl«; ganz Österreich ein Volk von Gaunern? Oder spielen sich dieselben Dinge überall ab, in anderen Ländern genauso wie bei uns, so daß wir mit einem Achselzucken zur Tagesordnung übergehen können?

Diese zuletzt gestellte Frage scheint – auf den ersten Blick – viel für sich zu haben. In vielen Ländern ist das Gemisch aus Wirtschaftskriminalität und Schlimmerem noch ungleich ärger; verglichen mit dem Drogenkrieg in Kolumbien erscheint das ungeklärte Sinken eines alten Frachters samt einem halben Dutzend Toter geradezu harmlos. Aber auch Länder unseres Kulturkreises – Griechenland, Italien, die Bundesrepublik Deutschland – erlebten in den letzten Jahren Wirtschaftsskandale, die in Art und Ausmaß unsere Skandale übertrafen.

Also sind derartige Skandale doch unvermeidlich, muß man sich eben damit abfinden, daß es überall auch schwarze Schafe gibt? Oder sind diese Skandale Ausfluß unseres verrotteten bürgerlichen Systems, das es daher endlich abzuschaffen gilt? Nach marxistischer Lehre schaffen ja die Produktionsverhältnisse das Bewußtsein, prägen die Produktionsverhältnisse das Verhalten der Menschen.

Hinsichtlich dieser Behauptung gebe ich Karl Marx und seinen Epigonen recht; ich ziehe daraus allerdings die umgekehrte Schlußfolgerung. All diese Skandale finden ihren Nährboden nämlich vor allem dort, wo marktwirtschaftliche Gesetzmäßigkeiten und demokratische Kontrollsysteme außer Kraft gesetzt wurden, wo Politik über Wirtschaft entscheidet.

Ja, es ist nicht einmal möglich, eine scharfe Trennungslinie zu ziehen. Ist es (zumindest moralisch) legal, wenn die Bundesbahnen die Familien ihrer Mitarbeiter billig reisen lassen, wenn ein Elektrizitätsversorgungsunternehmen Erholungsheime baut, in denen Mitarbeiter und deren Angehörige einen kostengünstigen Urlaub verbringen können – beides, anstatt die dafür aufgewendeten Beträge in Form niedrigerer Tarife an die Kunden weiterzugeben? Seien wir doch ehrlich: In den letzten Jahrzehnten hat sich – keineswegs auf Österreich beschränkt – eine Begehrlichkeitsmentalität herausgebildet, die uns den alles überwuchernden Sozialstaat zum Selbstbedienungsladen werden ließ. Durch eine Verdrehung von Ursache und Wirkung fühlen wir uns sogar hiezu berechtigt – uns wird ja so viel an Steuern und Abgaben abgeknöpft, daß wir schön dumm wären, wenn nicht jeder sich bemühte, ein Maximum an Leistungen des sozialstaatlichen Systems für sich herauszuholen. Privilegien sind nur die Vorrechte der anderen; die eigenen Privilegien sind wohlerworbene Rechte, vom privaten Telefongespräch während der Dienstzeit (und auf Kosten des Dienstgebers) angefangen. Und haben Sie nie in Ihrer Wohnung eine Reparatur durchführen lassen »ohne Rechnung«, wissend, daß dies eigentlich Steuerhinterziehung ist?

An dieser Stelle werden Sie, lieber Leser, entrüstet sagen: Zwischen einem Telefongespräch, das vielleicht zwei oder drei Schilling kostet, zwischen einer nicht ausgestellten Rechnung, um dem Finanzminister ein Schnippchen zu schlagen, und den Millionenskandalen besteht doch ein himmelhoher Unterschied. Was die Höhe betrifft, haben Sie recht; beide sind aber Ausfluß derselben Mentalität, daß man zugreifen darf, wo keine Kontrolle vorhanden ist. Wenn wir dieses Zugreifen in den wenigen Bereichen, die uns zugänglich sind, als Kavaliersdelikt empfinden, so ist es im Prinzip dasselbe, wenn andere zu größeren Beträgen Zugang haben.

Bevor Sie dieses Buch entrüstet in den Mist werfen (wenn schon, dann bitte zum Altpapier): Mir geht es nicht darum, große Gaunereien dadurch zu entschuldigen, daß ich sie mit alltäglichen Unregelmäßigkeiten vergleiche. Mir geht es darum, den Umständen nachzuspüren, die solche Verhaltensweisen überhaupt entstehen lassen. Der Nährboden hiefür besteht in den Machtstrukturen: Dadurch, daß wir vom Staat immer mehr Geschenke erwartet haben, hat der Staat immer mehr Macht gewonnen. In Österreich ist es überdies durch die langjährige Herrschaft einer Partei zusätzlich zu einer Verwechslung von Partei und Staat gekommen; die

Macht des Staates wurde mit der Macht der Partei gleichgesetzt. Schon Lenin hat gesagt: Macht korrumpiert, totale Macht korrumpiert total.
Der Ausweg muß auf zwei Ebenen gesucht werden.
Die unmittelbare Ebene ist, daß Skandale ohne Ansehen der Person aufzudecken und zu ahnden sind. Von diesem Standpunkt aus ist die Entwicklung in Österreich in den letzten Jahren positiv zu sehen: Skandale, die jahrelang verschleppt oder zugedeckt worden waren, sind nunmehr unter der neuen Regierung unnachsichtlich zur Austragung gekommen. Es ist ein Fehlschluß, wenn die Verfolgung der Skandale zu Politikverdrossenheit führt – im Gegenteil, wir sollten es begrüßen, wenn »die Politik« heute entschlossen darangegangen ist, reinen Tisch zu machen. Es wurden sogar strengere Maßstäbe angelegt als für den Durchschnittsbürger gelten: Es haben Politiker den Hut genommen, die nichts anderes mit einzelnen Skandalfiguren verbunden hatte als eine persönliche Freundschaft.
Ungleich wichtiger ist aber die Ebene darunter, der Nährboden. Solange politische Instanzen über wirtschaftliche Dinge entscheiden, kommt es zur Verquickung von Politik und Wirtschaft, wird die Versuchung gegeben sein, um einen halben Schritt zu weit zu gehen, um einen ganzen Schritt, um mehrere Schritte. Dieser Nährboden kann nur verschwinden, wenn es wieder zu einer Trennung von Politik und Wirtschaft kommt.
Diese Feststellung bezieht sich nicht nur auf »die da oben«, etwa auf die Bestellung von Aufsichtsräten. Sie durchzieht das gesamte wirtschaftliche Geschehen. Wieso ist eine zentral gelenkte Wirtschaft um soviel weniger effizient als eine marktwirtschaftlich orientierte, wieso funktionieren auch bei uns öffentliche Betriebe um soviel schlechter als private? Alle Apotheken florierten, nur die Bundesapotheken erbrachten Verluste; öffentliche Verkehrsbetriebe sind defizitär, private Autobuslinien, denen oft nur ungünstige Stadtrandverbindungen überlassen werden, erwirtschaften Gewinne. In einer oberösterreichischen Stadt soll es zwei Bestattungsunternehmen gegeben haben, ein privates und ein kommunales: Das private Unternehmen zahlte jährlich soviel an Steuern, wie der Abgang des kommunalen ausmachte. Die Voraussetzungen waren dieselben, die Mitarbeiter hatten dieselbe Ausbildung.
Überlegen Sie einmal, lieber Leser, wie Sie sich im Badezimmer ihrer eigenen Wohnung verhalten und wie im Badezimmer eines Hotels, das nicht Ihnen gehört. Wenn Sie es sich ehrlich eingestehen, sind Sie im Hotelbadezimmer gerade um eine Spur großzügiger; geht ein Spritzer mit der

Brause daneben – irgend jemand wird's schon aufwischen. Es ist zutiefst menschlich, mit den Dingen, die einem selbst gehören, sorgsamer umzugehen als mit (vorübergehend verfügbarem) fremden Gut. Es sind – im übertragenen Sinne – die tausend kleinen Spritzer mit der Dusche, die einen öffentlichen Betrieb in die roten Zahlen bringen – tausend winzige Unterlassungen, Bequemlichkeiten, Gedankenlosigkeiten, nicht wahrgenommene Chancen. Gerade in einem Land wie Österreich mit einem überdimensionierten öffentlichen Sektor summieren sich diese Tausende von »Spritzern« zu Milliarden-Einbußen an unserem Sozialprodukt. »Weniger Staat« oder, anders ausgedrückt, Privatisierung, bedeutet, gezielte Schritte in Richtung eines Systems zu setzen, bei dem wir schon allein deshalb besser dran sind, weil Vergeudungen vermieden werden. In diesem Sinne ist die Forderung nach einem Rückzug der Politik aus der Wirtschaft, nach Privatisierung auf allen Ebenen, keine Frage der Ideologie, sondern ein Gebot der Vernunft, auch um dem Entstehen neuer Skandale von vornherein den Boden zu entziehen.
Auch hier geht die Problematik eigentlich noch tiefer. Jeder von uns neigt dazu, von anderen perfekte Pflichterfüllung zu fordern, für sich selbst aber größtmögliche Freiheiten in Anspruch zu nehmen; bei sich selbst alles zu entschuldigen, bei anderen aber nichts. Jeder Unternehmer wünscht vollkommene Handelsfreiheit beim Bezug seiner Vorprodukte, träumt aber von maximalem Schutz seiner eigenen Erzeugnisse. Wenn von drei Freundinnen zwei zusammenkommen, lassen sie beim Tratsch kein gutes Haar an der (jeweiligen) abwesenden Dritten. Genauso Fachkollegen, die die Leistungen eines (gerade abwesenden) Dritten mit mildem Lächeln relativieren. Publiziert ein Wissenschaftler wenig, stellt man abfällig fest, er leiste nichts; publiziert er viel, wird er geringschätzig als »Vielschreiber« bezeichnet.
Wir sollten uns bemühen, dieses Verhalten zu durchschauen. Es ist dies ein psychologischer Schutzmechanismus: Wenn ich von anderen feststelle, wie minderwertig sie sind, stehe ich (mit meinen eigenen, uneingestandenen Fehlern) *relativ* um so besser da! Es geht nicht darum, ob oder inwieweit meine Herabsetzung Dritter berechtigt ist oder nicht; wir wollen gar nicht wahrhaben, daß unser Urteil vielleicht ungerecht ist, denn der Zweck unserer abfälligen Beurteilung besteht ja gerade in der Hebung unseres eigenen Selbstwertgefühls. Dieser billige Schutzmechanismus enthebt uns der Notwendigkeit, über uns selbst nachzudenken, ob bei uns

alles optimal ist, ob nicht auch wir manches in unserem eigenen Verhalten verbessern könnten.

Dies gilt nicht nur zwischen Individuen, sondern auch jeweils bezüglich jener Berufsgruppen und Bereiche, in denen wir nicht tätig sind. Sind wir selbst nicht Bundesbahnbedienstete, so sagen wir gern mit himmelwärts gerichtetem Augenaufschlag: »Ach, die Bundesbahn!« und dann schildern wir ein, zwei haarsträubende Geschichten, die durchaus stimmen mögen, die aber eine seltene Ausnahme darstellen und unerwähnt lassen, daß sich die Dienstleistungen der ÖBB in den letzten Jahren fühlbar verbessert haben und daß die ÖBB um weitere fühlbare Verbesserungen bemüht sind. Sind wir nicht selbst Handwerker, lassen wir – mit denselben himmelwärts verdrehten Augen – kein gutes Haar an allen Professionisten insgesamt. Sicher, jeder von uns vermag ein Lied von Einzelfällen zu singen, in denen ein Handwerker irgendeinen Schaden angerichtet hat; daß aber Handwerker in Österreich viel besser arbeiten als in den meisten anderen Ländern, daß österreichische Erzeugnisse in aller Welt den besten Ruf haben, wollen wir nicht zur Kenntnis nehmen.

Dieses Verhalten zeigt sich auch in unserer Einstellung zur Politik. Wir sind fest davon überzeugt: Alle Politiker sind Gauner, nur darauf aus, ein angenehmes Leben zu führen und sich die Taschen zu füllen – man sieht es ja an den Skandalen. Daß die Politik heute darangegangen ist, Skandale vergangener Jahre aufzudecken, ja daß heute ungleich strengere Maßstäbe angelegt werden, paßt nicht in unser Klischeebild; wir bleiben lieber dabei, daß alle Politiker Gauner sind. Und daß mancher Minister, der vorher im Wirtschaftsleben eine führende Position innehatte, in seiner derzeitigen Stellung weit weniger verdient, und dies bei weit höherem Arbeitsstreß, paßt auch nicht in unser Klischeebild vom Politiker, der sich die Taschen füllt.

Wenn irgendein genereller Vorwurf an die Politik in Österreich in vergangenen Jahren berechtigt war, so ist mit dieser Legislaturperiode eine deutliche Veränderung eingetreten. Ein Beispiel: Einigen Grazer Spitzenpolitikern waren Doppelpensionen gekürzt worden; sie hatten den Verfassungsgerichtshof angerufen, der befand, daß, der gegenwärtigen Rechtslage zufolge, die Kürzung zu Unrecht erfolgte, daß ihnen also der volle Bezug der Doppelpensionen zustehe. Wären unsere Politiker wirklich so korrupt, wie ihnen stets vorgeworfen wird, so hätten sie nur zu sagen brauchen: Ja, wenn der Verfassungsgerichtshof es sagt, bleibt uns wohl

nichts anderes übrig, als diese Rechtslage zu akzeptieren. Es wäre höchst bequem gewesen für den Nationalrat, in diesem Punkt einfach untätig zu bleiben. Der Nationalrat hat jedoch – in verfassungsmäßig eigentlich bedenklicher Weise! – den Spruch des Verfassungsgerichtshofes dadurch unterlaufen, daß er ein Verfassungsgesetz beschloß, demzufolge Kürzungen von Politikerpensionen möglich sind, hat also das rechtsstaatliche Denken zu eigenen Ungunsten strapaziert!
Ging da ein Beifallssturm durch ganz Österreich? Nein. Aber wehe, ein Bürgermeister schließt – im öffentlichen Interesse! – vor einer bereits eingetretenen geringfügigen Verletzung der Bauordnung, von der er überhaupt keinen persönlichen Vorteil hat, die Augen. Wochenlang wird der Fall breitgetreten.
Mit diesen Bemerkungen sei keineswegs die Behauptung aufgestellt, alle Politiker seien großartige Wesen. Der Bundesbahner, der Professionist, der Politiker sind genauso Menschen aus Fleisch und Blut, mit Vorzügen und Fehlern, wie jeder von uns. Hüten wir uns nur vor selbstgefälligen Pauschalurteilen; versuchen wir, mit unserer Beurteilung anderer ein bißchen gerechter zu sein, vor allem auch dadurch, daß wir uns selbst gegenüber gerechter zu urteilen bemüht sind.

Was die Vorkommnisse in Lainz betrifft, genügt es ebenfalls nicht, an der Oberfläche zu verbleiben und entrüstet den Kopf zu schütteln: Nein, daß es solche Weibsteufel geben kann! Versuchen wir auch hier, den Dingen auf den Grund zu gehen.
Eine mir sehr nahestehende Frau, die das Spitalswesen bestens von innen kennt, sagte: Ist Dir nicht aufgefallen, daß jegliches Motiv fehlt? Jedes freiwerdende Spitalsbett wird ja sofort wieder belegt; eine Hilfspflegerin, die einen alten Menschen umbringt, hat davon also überhaupt keinen Vorteil. Und sie fügte hinzu: Versuche Dich einmal in diese Hilfspflegerin hineinzuversetzen – ein Nachtdienst nach dem anderen; die Ärzte, die vollausgebildeten Schwestern haben längst Dienstschluß, und du bist mit der Dreckarbeit allein. Und dann hat dieser Alte zum viertenmal, zum fünftenmal ins Bett gemacht, du mußt wieder alles putzen; dann läutet er, ohne Grund, zum sechsten- und zum siebentenmal, und dies Nacht für Nacht. Ich kann, so sagte sie, die Hilfspflegerin verstehen, daß sie dann einmal durchdreht, dem ein Ende macht, wider jede Vernunft, denn am nächsten Tag beginnt die Misere mit einem anderen alten Menschen aufs neue.

Es ist leicht, über jene hart zu urteilen, an die man die Verantwortung abgeschoben hat. Das ist es, wovon die letzten Jahrzehnte gekennzeichnet waren, von einem zunehmenden Abschieben von immer mehr Verantwortung: Immer mehr Rechte und Freiheiten, aber immer weniger Pflichten für mich; von allen anderen jedoch erwarte ich volle Pflichterfüllung. Wenn meine Kinder sich nicht so entwickeln, wie ich gerne hätte, sind die Lehrer schuld; und wenn es mit einem altgewordenen Familienmitglied zu Hause »wirklich nicht mehr gegangen« ist und wir ihn oder sie in ein Pflegeheim gegeben haben, dann hat ihm dort alle Betreuung, alle Liebe geboten zu werden, derer wir nicht mehr fähig oder willens waren.
Um einem allfälligen Mißverständnis vorzubeugen: Es geht mir auch hier nicht darum, Morde zu entschuldigen. Es geht mir nur darum aufzuzeigen, daß wir alle an diesen Morden mitschuldig sind, indem wir im Jugendkult und Hedonismus der letzten Jahrzehnte den Gedanken an Alter und Tod aus unserem Denken und Fühlen verdrängt haben, indem wir die Betreuung von Mitmenschen professionalisiert haben. Der (noch im Stammesverband lebenden) schwarzen Bevölkerung Südafrikas ist es auch heute noch unverständlich, wie die Weißen einen alten Menschen, dem sie doch so viel verdanken, aus der Familie ausstoßen können! Ist dies Fortschritt, oder sind wir vielleicht schon zu weit von der Menschlichkeit fortgeschritten? Hans Millendorfer hat gesagt: Von der Wegwerf-Ehe ist es nur ein logischer nächster Schritt zum Wegwerf-Kind; man könnte hinzufügen: Der nächste logische Schritt führt zum Wegwerf-Greis. Bei unserer heutigen Hochzivilisation, beim heutigen Wohlstand, könnte sich unsere Gesellschaft sehr wohl eine menschenwürdigere Einstellung zu Alter und Tod leisten. Ereignisse wie in Lainz sind das Resultat einer vollständigen Ausgrenzung; denken wir alle darüber nach, wie es wieder zu ein bißchen mehr Miteinander zwischen den Generationen kommen kann, dann werden derartige Ereignisse nicht mehr so leicht möglich sein.

Damit verbleibt noch ein weiterer Bereich, der – unterschwellig oder ausdrücklich – erhobene Vorwurf, der Österreicher sei zwischen 1938 und 1945 nur allzu gerne Handlanger des Nationalsozialismus gewesen. Die generelle Situation in jener Zeit wurde schon im Abschnitt »Vergangenheitsbewältigung« dargelegt; hiebei ist noch offen geblieben, inwieweit das österreichische Volk, oder eine Anzahl von Österreichern, Schuld auf sich geladen haben.

Jeder Umsturz schwemmt Elemente in einem Volk an die Oberfläche, die die Gelegenheit wahrnehmen, ihre persönlichen Frustrationen durch Denunziantentum, durch Sadismus, durch vorauseilenden Gehorsam abzureagieren. Davon war auch Österreich 1938 nicht verschont, wie genügend Berichte und Bilder aus jener Zeit beweisen. Daneben gab es aber noch die anderen Österreicher, die – unter Einsatz des eigenen Lebens – Verfolgte in ihrer Wohnung den ganzen Krieg hindurch verborgen hielten und ihre immer kärglicheren Lebensmittelrationen mit ihnen teilten.
Unter denen, die Schuld auf sich geladen haben, gab es manche, die relativ ungeschoren davonkamen. Die meisten entgingen den nach 1945 durchgeführten Entnazifizierungsverfahren aber nicht. Ein Fall ist mir in besonderer Erinnerung: Der Vater eines Mitschülers, der als Primararzt einer Nervenheilanstalt auf höheren Befehl Euthanasierungen auszuführen, d. h. unheilbar Geisteskranke durch entsprechende Injektionen zu töten hatte. Er wurde nach 1945 von einem österreichischen Gericht zum Tode verurteilt und hingerichtet.
Vielleicht sagen nüchterne Zahlen mehr als viele Worte. Halten wir die Verluste Österreichs in jenen sieben Jahren fest: 247 000 Soldaten vermißt oder gefallen. 24 000 Zivilisten bei Luftangriffen oder Kriegshandlungen getötet, 66 000 Juden und 16 000 weitere Häftlinge in Konzentrationslagern ums Leben gekommen, 2 700 Österreicher wurden hingerichtet, 16 000 starben in Gestapohaft.
All dies halte ich als Fakten fest, die einander nicht widersprechen, sondern ergänzen. Kein Volk besteht ausschließlich aus Engeln, kein Volk ausschließlich aus Teufeln. Die generelle Moral in einem Volk wird allerdings von den Verhältnissen geprägt; diese Verhältnisse sind aber wieder mit das Ergebnis des Verhaltens der einzelnen Bürger. Das heißt: Verhältnisse brauchen nicht so hingenommen zu werden, wie sie sind – sie können beeinflußt, verändert werden. Im Entwicklungsland A wird hemmungslos gebettelt, im – gleich armen – Entwicklungsland B jedoch überhaupt nicht. Es kann sich aber A zu B hin verändern, oder auch B in Richtung A.

Wie steht es mit uns? Sind wir ein Volk von Gaunern, ja oder nein, und wohin kann eine Veränderung gehen?
Ohne falschen Stolz kann – bei aller Kritik an unserer Selbstbedienungs-Mentalität – doch festgehalten werden, daß unser Gemeinwesen nicht so funktionieren könnte, wenn wir wirklich ein Volk von Gaunern wären. Die

Sicherheit auf unseren Straßen ist ungleich höher als anderswo; auf die Leistungen von Gewerbebetrieben kann man sich verlassen; ja, die öffentliche Verwaltung ist in den letzten Jahren zunehmend bemüht, einen Umschwung vom Amtskappel zum Bürgerservice zu vollziehen.
Ich wage sogar noch einen Schritt weiter zu gehen: Ich wage die Behauptung, daß Österreich auch seine Vergangenheit besser »bewältigt« hat als andere Länder. Österreich hatte immer schon die Bereitschaft, sich selbst den Spiegel vorzuhalten, von Johann Nestroy bis Karl Kraus. Ich bin mir nicht sicher, ob ein Werk wie »Die letzten Tage der Menschheit« in Frankreich, Italien oder den USA, jeweils ausgerichtet auf die dortige Regierung und die dortige Armee, hätte erscheinen können. Wie authentisch feststeht, hatte Karl Kraus dieses Werk *nicht* als einseitige Nestbeschmutzung Österreichs konzipiert, sondern als flammende Anklage an jeden Chauvinismus, exemplifiziert an dem (ihm zugänglichen) Beispiel Österreich.
Andere Länder überziehen fragwürdige Epochen ihrer Vergangenheit ungleich stärker mit Glorienschein. So registrierten wir mit Verwunderung, mit welchem Jubel Frankreich sein »Bicentenaire« beging – die Erinnerung an eine Zeit, die keineswegs Freiheit, Gleichheit und Brüderlichkeit brachte, sondern die ersten maschinellen Massenhinrichtungen Unschuldiger, Jahre der Turbulenz und schließlich die Diktatur Napoleons. Auch Napoleons brutale Expansionskriege, die Hunderttausenden das Leben kosteten, werden glorifiziert. Daß die von der Revolution geforderten, aber nicht erreichten Menschenrechte schon lange vorher, unblutig und ohne davon viel Aufhebens zu machen, von Maria Theresia und Joseph II. in Österreich bereits verwirklicht waren, blieb hier wie dort unerwähnt.
Um einem Mißverständnis vorzubeugen: Wenn ich der Überzeugung Ausdruck verleihe, daß der Österreicher seiner eigenen Vergangenheit ehrlicher gegenübersteht als die Bevölkerung mancher anderer Länder, so nicht, um uns selbstgefällig auf die Schulter zu klopfen: Na also, wir sind ja doch die besseren Menschen. Nein: Die kritische Sicht unser selbst, die kritische Sicht unserer eigenen Vergangenheit, sollte uns stete Warnung sein, allen eventuellen Anfängen zu wehren, die wieder einmal zu einer einseitigen Betrachtungsweise führen könnten. Wir haben keinen Anlaß, uns für minderwertig zu halten, und keinen Anlaß, uns zu überschätzen. Seien wir, was wir sind: Bewußte Österreicher, im Guten wie im weniger Guten, und seien wir bemüht, das weniger Gute nach Kräften zu verbessern.

19 Neutralität

Ein neutraler Staat hat die Verpflichtung, seine Neutralität zu verteidigen. Angesichts der geopolitischen Lage Österreichs dient nur eine glaubhafte Landesverteidigung dem Frieden in Europa, nicht aber ein militärisches Vakuum. In mancher Hinsicht könnten wir uns an der Schweiz orientieren. Zum erforderlichen Umdenken kann und muß aber das Bundesheer auch selbst wesentlich beitragen.

Neben uns im Zugsabteil sitzen zwei junge Burschen. Sie unterhalten sich über die acht Monate, die sie eben beim Bundesheer hinter sich gebracht haben. Sie stimmen überein: Die sechs Wochen Grundausbildung waren ganz gut; anschließend daran hat der eine die gesamte Wehrdienstzeit hindurch nicht viel mehr getan als Kartoffeln geschält und den anderen beneidet, der einen Tennisplatz zu warten hatte. Am schlimmsten, darin stimmen sie wieder überein, war der tägliche stundenlange Leerlauf, das erzwungene Nichtstun. Was hätten sie in dieser Zeit nicht alles tun können, ja, was hätten sie mit diesem halben Jahr ihres Lebens anfangen können, anstatt untätig herumzusitzen, das Arbeiten zu verlernen und sich bestenfalls mit Bier vollaufen zu lassen!
Wozu überhaupt ein Bundesheer? Wir sind doch ein neutraler Staat; ein Krieg in Mitteleuropa ist wohl undenkbar, und wenn die Großmächte einander in die Haare geraten sollten, wird uns ein Bundesheer auch nichts mehr helfen. Und für den Empfang ausländischer Staatsoberhäupter am Flugplatz wird eine Ehrenkompanie der Polizei auch genügen.
Nur merkwürdig: Die uns unmittelbar benachbarte, von lauter westlichen Demokratien umgebene, ebenfalls neutrale Schweiz, die schon seit Jahrhunderten keinen Krieg mehr geführt hat, unterhält ein Bundesheer, das einem weit größeren Staat alle Ehre machen würde: 300 Flugzeuge, 900 Panzer, bei einer geringeren Einwohnerzahl als Österreich 625 000 Mann mobilisierbare Streitkräfte (wir träumen von 186 000), und die 32 Wochen Waffenübungen jedes gesunden Schweizers durchziehen sein gesamtes aktives Leben. Oder ist es der Schweiz gerade deswegen gelungen, sich aus beiden Weltkriegen, die rund um die Schweiz tobten, herauszuhalten, *weil* sie so hochgerüstet war?
Wenn wir den »Versuch einer Orientierung« auch hinsichtlich unserer Verteidigungsbereitschaft unternehmen wollen, so dürfen wir demnach nicht beim Kartoffelschälen beginnen. Es wäre auch mehr als kurzsichtig, uns nur deshalb in Sicherheit zu wähnen, weil seit mehr als vierzig Jahren kein Krieg in unserer unmittelbaren Umgebung stattgefunden hat.

Ja, man braucht nicht einmal über größere Geschichtskenntnisse zu verfügen; ein Blick auf die Landkarte genügt, um zu erkennen, daß die geopolitische Lage Österreichs und damit auch die Beurteilung seiner Neutralität ganz anders geartet ist als etwa die des (ebenfalls) neutralen Irland. Die Geschichte beweist diesen Unterschied erst recht. Immer wieder war Österreich internationalen Spannungen ausgesetzt: Römer gegen Markomannen und Quaden, die Völkerwanderung, Bajuwaren gegen Magyaren, Rudolf gegen Ottokar, Friedrich III. gegen Matthias Corvinus, die Türkenkriege, Maria Theresias schwierige Selbstbehauptung, die Besetzung durch Napoleon, der Zerfall der Donaumonarchie, die beiden Weltkriege, bis hin zu den Gebietsansprüchen Jugoslawiens von 1920 und 1945, und schließlich die zehn Jahre der Aufteilung in vier Besatzungszonen, die leicht zu einem Auseinanderfallen Österreichs, analog der Teilung BRD/DDR hätte führen können. Die Zeit seit 1955 stellt daher nicht nur in historischer Sicht eine Ausnahme dar; es ist sogar die paradox klingende Behauptung zulässig, daß diese Friedensjahre eine Folge des kalten Krieges waren! Solange nämlich Ost und West einander mißtrauisch gegenüberstanden, bildete – das keinem der beiden Militärblöcke zugehörige – Österreich eine Art Pufferzone. Mit den jüngsten Vorgängen in der UdSSR, in Polen und in Ungarn hat jedoch eine neue historische Phase begonnen, sind Entwicklungen in Fluß geraten, die zu heute noch nicht absehbaren Veränderungen, positiver wie negativer Art, führen können.

Wie rasch eine Veränderung, vor allem eine Veränderung ins Negative, erfolgen kann, hatten wir 1956 in Ungarn, 1968 in der ČSSR und zuletzt 1989 in China erlebt. Dazu kommt die vielfach erwiesene historische Tatsache, daß ein Staat nur deshalb nach außenpolitischen »Erfolgen« Ausschau hält, um damit innenpolitische Schwierigkeiten zu überdecken. Konkret ist für Europa ein – sehr düsteres – Szenario nicht auszuschließen: Gorbatschow wird der Nationalitätenkonflikte und wirtschaftlichen Schwierigkeiten nicht Herr, es kommt, analog zu China, zu einer totalen Reaktion, eine Militärdiktatur nimmt die Zügel fest in die Hand. Auch diese vermag keine wirtschaftlichen Reichtümer herzuzaubern; also sucht sie im westeuropäischen Vorfeld nach einer Selbstbestätigung. Oder, auf den ersten Blick weniger dramatisch: Die gegenwärtige Führung in Moskau bleibt an der Macht, versucht aber, von den internen Mißhelligkeiten durch außenpolitische Maßnahmen abzulenken. Der »Neutralitätsfall« –

wir kommen noch auf ihn zu sprechen – kann dann rascher eintreten als uns lieb ist, und dann wäre es für die Aufstellung eines Bundesheeres sicher zu spät.
Ja, wir sind doch neutral? Da darf doch niemand bei uns einmarschieren? Als 1848 Kaiser Ferdinand gemeldet wurde, »die Leute machen Revolution«, soll er entgeistert geantwortet haben: »Ja, dürfens denn das?« Hitler hat es 1939/40 wenig bekümmert, daß Holland, Belgien, Dänemark und Norwegen neutral waren. So wurde Norwegen besetzt, um »den Engländern zuvorzukommen«, wie es damals ungerührt hieß.
Überlegen wir einmal, was »Neutralität« bedeutet und welche Pflichten aus dieser Neutralität erwachsen. Der Österreichische Nationalrat hat am 26. Oktober 1955 – nicht etwa aufgrund einer staatsvertraglichen Verpflichtung, sondern aus freien Stücken – das Bundesverfassungsgesetz über die »Immerwährende Neutralität« beschlossen. Wie die Regierungsvorlage zu diesem Gesetz ausdrücklich anführte, ist »der dauernd neutrale Staat verpflichtet, die Unversehrtheit seines Staatsgebietes gegen Angriffe von außen mit allen ihm zur Verfügung stehenden Mitteln zu verteidigen; die dauernde Neutralität ist somit auch eine bewaffnete Neutralität«. Anders ausgedrückt: Ohne die geeigneten Mittel zum Schutz der Neutralität wäre das Prinzip der »dauernden Neutralität« ungeeignet, den neutralen Staat in Frieden zu erhalten. Nach allgemeiner völkerrechtlicher Auffassung liegt es nicht einmal in der Disposition des neutralen Staates allein, ob er seine Neutralität schützen will oder nicht, denn eine ungeschützte Neutralität würde einen wesentlichen Unsicherheitsfaktor auch für andere Staaten darstellen.
Sicherlich bedeutet die Erklärung der dauernden Neutralität auch die Erklärung der Absicht, in Zukunft an keinerlei Kriegen mehr teilnehmen zu wollen und den Friedenszustand mit allen Staaten aufrechtzuerhalten, selbst wenn andere Staaten bereits Krieg miteinander führen. Die Neutralitätserklärung erfolgte jedoch insbesondere auch zum Zwecke der dauernden Behauptung von Österreichs Unabhängigkeit nach außen und zum Zweck der Unverletzlichkeit seines Gebietes, also zur Erreichung eines sicherheitspolitischen Zieles. Wie in dem 1985 vom Bundeskanzleramt herausgegebenen Landesverteidigungsplan (LVP) ausgeführt, resultieren daraus insbesondere drei Pflichtenkomplexe: Die Verpflichtung zur Verhinderung der Benützung des neutralen Territoriums durch Kriegführende; die Verpflichtung, sich jeder Unterstützung kriegführender Staaten zu enthal-

ten und die Verpflichtung, Maßnahmen im nichtmilitärischen Bereich, gemäß der Gleichbehandlungspflicht, auf beide Kriegsparteien gleichmäßig anzuwenden. Im Landesverteidigungsplan werden eine Anzahl von »Bedrohungsbildern«, also Hauptformen der Konfliktaustragung, angeführt, und aus diesen dann drei »Anlaßfälle« abgeleitet: Der Krisenfall (Zustand internationaler Spannung und Konfliktgefahr), der Neutralitätsfall (militärische Auseinandersetzung in der Nachbarschaft) und der Verteidigungsfall (militärischer Angriff auf Österreich). Diese drei »klassischen« Anlaßfälle werden in jüngster Zeit durch zusätzliche Bedrohungsbilder erweitert: Vom internationalen Terrorismus wurde Österreich bereits gelegentlich berührt; dazu kommt der anwachsende internationale Drogenhandel, aber auch zunehmend militante Formen der Austragung sozialer und wirtschaftlicher Konflikte, wovon der Streik der italienischen Lastwagenfrächter an Österreichs Grenzen einen Vorgeschmack gab.

Ein weiteres Paradoxon: In dem Maße, in dem Atomkriege immer unwahrscheinlicher werden, weil sie die totale Vernichtung der kriegführenden Seiten bedeuten würden, wird durch eine atomare Abrüstung die Wahrscheinlichkeit der Konfliktaustragung auf konventionellem Wege eher erhöht! In der Tat gab es seit 1945 weltweit rund 150 Kriege, bei denen keine Atomwaffen zum Einsatz gelangten.

Unsere Neutralität muß auch vor dem Hintergrund gesehen werden, daß sie nicht mit »Neutralismus« verwechselt werden darf, mit »Äquidistanz«, einer Art Mittelstellung zwischen westlichem und östlichem Denken. Vor und nach Erklärung der immerwährenden Neutralität haben maßgebende Sprecher aller staatstragenden Parteien in Österreich stets betont, daß diese Neutralität keine Gesinnungsneutralität darstelle. Die geistige und politische Freiheit, insbesondere die Freiheit der Meinungsäußerung und der Presse, sei durch die Neutralität des Staates nicht berührt. Diese Neutralität umfasse auch keinerlei Verpflichtungen auf wirtschaftlichem oder kulturellem Gebiet. Österreich sieht sich vielmehr eindeutig als westlich-demokratisches, pluralistisches Gemeinwesen. So klar diese Position auch ist, könnte sie doch im Falle eines internationalen Konfliktes zwischen Ost- und Westeuropa zum Vorwand genommen werden, um daraus einen »Anlaßfall« zu konstruieren, mit dem Vorwurf, Österreich verhalte sich »nicht neutral«. Mit anderen Worten: Aus der Unterscheidung zwischen Neutralität und Neutralismus ergibt sich eine weitere Verpflichtung, zur Verteidigung der Neutralität imstande zu sein.

Nur nebenbei sei vermerkt, daß die Behauptung, Österreich dürfe sich aus neutralitätspolitischen Gründen nicht der EG anschließen, falsch ist. Die EG hat sich im Gefolge der Verfassungsänderung durch die Einheitliche Europäische Akte zu einer Union bestimmt, welche die Zusammenarbeit auf dem Gebiet der militärischen Sicherheit ausklammert; schließlich ist auch das neutrale Irland Vollmitglied der EG.
Damit ist Österreich, trotz – oder vielleicht sogar infolge – seiner Neutralität, zu einer »Umfassenden Landesverteidigung« verpflichtet, und zwar sowohl unmittelbar, um aktuellen Bedrohungen entgegentreten zu können, als auch mittelbar, d. h. um das Entstehen zukünftiger Bedrohungen zu reduzieren. Unsere Bundesverfassung enthält daher ein ausdrückliches Bekenntnis zur Umfassenden Landesverteidiung (Artikel 9a B-VG). Die ULV dient dazu, die Unabhängigkeit nach außen sowie die Unverletzlichkeit und Einheit des Bundesgebietes zu wahren, »insbesondere zur Aufrechterhaltung und Verteidigung der immerwährenden Neutralität« beizutragen. Kraft Verfassung gehören zur ULV die Militärische, die Geistige, die Zivile und die Wirtschaftliche Landesverteidigung.
Was die Militärische Landesverteidigung betrifft, so kann auf ihr erforderliches Ausmaß der von Gorbatschow geprägte Begriff der »vernünftigen Hinlänglichkeit« angewendet werden. Das Ausmaß muß ausreichen, um einen potentiellen Verletzer unserer Neutralität von dieser Verletzung abzuhalten, mit anderen Worten, sicherzustellen, daß der Verletzer seine operative Zielsetzung nur mit einem diesem Ziel nicht mehr entsprechenden Aufwand an Zeit oder Verlusten erreichen kann. Kürzer gesagt: Die Militärische Landesverteidigung muß *glaubhaft* sein – so überzeugend, daß sie den potentiellen Verletzer der Neutralität von der Verletzung abhält. Eine glaubhafte Militärische Landesverteidigung erfordert daher nicht nur die Notwendigkeit, daß der neutrale Staat auch im Frieden angemessene Streitkräfte unterhält, sondern auch daß diese Streitkräfte mit (der jeweiligen technologischen Entwicklung angepaßten) Verteidigungswaffen ausgerüstet sind. Um es ganz offen zu sagen: Die gegenwärtige Ausrüstung des Bundesheeres ist von Glaubhaftigkeit noch weit entfernt.
Der Zivilen Landesverteidigung kommt – laut LVP – »im Rahmen der Friedenssicherung neben dem Schutz der verfassungsmäßigen Einrichtungen und der Aufrechterhaltung von Ruhe und Ordnung im Inneren sowie der Funktionsfähigkeit lebenswichtiger Einrichtungen des Staates der Gewährleistung des Schutzes der Bevölkerung gegenüber in Friedenszeiten mög-

lichen Bedrohungen erhöhte Bedeutung zu«. Damit obliegt die Zivile Landesverteidigung nicht nur dem Bundesheer, sondern bedarf – beispielsweise bei Katastrophen und Elementarereignissen außergewöhnlichen Umfanges – einer funktionierenden Zusammenarbeit mit der Exekutive und zivilen Organisationen (Rotes Kreuz, Feuerwehr usw.). Diese Zusammenarbeit funktioniert im Katastrophenfall in Österreich einigermaßen gut; was aber die Vorsorge betrifft, sind wir von einer geradezu sträflichen Leichtfertigkeit. In der Schweiz stehen für rund 95 Prozent der Zivilbevölkerung Schutzraumbauten zur Verfügung, in Österreich nur für 3 Prozent! Der Schutzraumbau fällt im wesentlichen in die Kompetenz der Länder; eigentlich sollte aber die Einrichtung von Selbstschutzzentren in allen Ortsgemeinden Österreichs zum Ziel der Zivilen Landesverteidigung gemacht werden, wobei die Aufgabenbereiche der Selbstschutzzentren weit über die Bereitstellung von Schutzraum hinausgehen. Auch hier wäre es falsch, mit untätig im Schoß gefaltenen Händen nur auf das Walten einer Obrigkeit zu warten – von der Ausgestaltung der eigenen Kellerräume bis zu einer vernünftigen Bevorratung kann jeder sein Scherflein beitragen.

Damit kommen wir zur Wirtschaftlichen Landesverteidigung, um die es nicht viel besser bestellt ist. Zur Wirtschaftlichen Landesverteidigung gehören – wieder laut LVP – »all jene Vorkehrungen, welche die Lebensfähigkeit und Handlungsfreiheit des Staates auch in schwierigen Zeiten und bei Eintritt einer Bedrohung ermöglichen«. Der LVP führt eine Reihe von Maßnahmen an, die aber von einer ausreichenden Realisierung weit entfernt sind.

Zu Recht wird neben der Militärischen, Zivilen und Wirtschaftlichen Landesverteidigung auch eine Geistige Landesverteidigung genannt. Die Verteidigung eines Landes, die Verteidigung einer Neutralität erfordert auch die entsprechende Verteidigungsbereitschaft.

Und diesbezüglich sind wir alle durch vierzig Jahre Frieden und Wohlfahrtsstaat reichlich verwöhnt. Wir sind nur gewöhnt, in Rechten zu denken, nicht mehr in Pflichten; wir sind gewöhnt, vom Staat, von der »Gesellschaft«, alles mögliche zu fordern, dafür aber immer weniger zu leisten. Natürlich erwarten wir, daß im Notfall das Bundesheer voll da ist; aber es darf nichts kosten. Jede vorsorgende Maßnahme wird als »unnötig« oder »zu teuer« kritisiert; wenn aber dann ein Krisenfall eintritt, erwarten wir vom »Staat«, daß er zu dessen voller und klagloser Bewältigung

imstande ist. Es bleibt also schöne Deklaration, wenn es im LVP heißt: »Im Bereich der Geistigen Landesverteidigung ist es die Aufgabe der politischen Bildung, zur Erhaltung und Vertiefung eines demokratischen Staatsbewußtseins beizutragen und die Identifizierung des Staatsbürgers mit der Republik Österreich letztlich mit dem Ziel zu fördern, eine Festigung und Steigerung des Selbstbehauptungswillens zu erzielen.«
Wie sehr die Geistige Landesverteidigung bei uns im Argen liegt, mag historisch erklärbar sein. Schon im Schulunterricht wird der ULV nicht jene Verbindlichkeit zuerkannt, die sie haben müßte. Auch wird bewußt Unklarheit belassen, ob die ULV überhaupt positiv zu behandeln sei; es bleibt den Initiativen der Landesschulräte und der Lehrerschaft überlassen, wie sie Geistige Landesverteidigung vermitteln.

In diesem Zusammenhang muß in aller Offenheit festgehalten werden, daß dem Bundesheer selbst ein gerüttelt Maß an Mitschuld zukommt. Es sollte uns zu denken geben, daß der Prozentsatz der Präsenzdiener, die das Bundesheer als sinnvoll ansehen, nach Ableistung der Wehrdienstzeit niedriger ist als vorher! Der junge Österreicher wird nur dann motiviert sein, seinem Vaterland mehr als ein halbes Jahr seines Lebens zur Verfügung zu stellen, wenn diese Zeit auch entsprechend genutzt wird. Ohne eine ziemlich radikale Umstellung des Alltagsbetriebes und der Ausbildungsprogramme wird der Gesinnungswandel nicht zu bewerkstelligen sein.
Als Vorbild sollte uns wieder die Schweiz dienen. Es ist nicht nur eine Sache des fehlenden Geldes, die Dienstzeit sinnvoll zu nutzen. So könnte mittelfristig daran gedacht werden – nach dem Muster der Schweiz – anschließend an die Grundwehrzeit eher eine größere Zahl von – dafür aber kürzeren – Waffenübungen vorzusehen. Auch die Arbeitgeber werden ihre Mitarbeiter eher für kürzere als für längere Waffenübungen freizustellen bereit sein.
Unabhängig von der Aufteilung der Wehrdienstzeit aber sollte das Bundesheer noch eine Funktion wahrnehmen, und zwar eine (allgemeine) Erziehungsfunktion. Die Hauptfunktion des Heeres der k. u. k. Monarchie war eine solche Erziehungsfunktion gewesen, in ziemlicher Wildheit herangewachsenen ruthenischen oder slawonischen Bauernburschen Grundbegriffe der Zivilisation, einschließlich der menschlichen Hygiene, beizubringen.

Beim heutigen im Durchschnitt wesentlich höheren Bildungsstand der Bevölkerung ist diese Funktion keineswegs erloschen, sondern hat sich nur auf eine höhere Ebene verlagert. Wieviele Achtzehnjährige weisen doch eine durch Ungeschicklichkeit oder durch den Einfluß schlechter Freunde abgebrochene Ausbildung auf! Hier könnte das Bundesheer behutsam eingreifen – einem Burschen mit abgebrochener Tischlerlehre die Möglichkeit bieten, durch die Mitwirkung an Tischlerarbeiten für das Bundesheer wieder den Einstieg zu finden. Es gibt unzählige Möglichkeiten, dahin zu wirken, daß der junge Österreicher nach Ableistung seiner Dienstpflicht an diese mit Dankbarkeit und nicht mit verächtlichem Kopfschütteln zurückdenkt.

Wir dürfen nicht vergessen: Die jüngere Generation ist in einer (scheinbar) total friedlichen Umgebung aufgewachsen; die Zeit beim Bundesheer haben viele von ihnen überdies als sinnlos erlebt. Wir dürfen uns dann nicht wundern, wenn immer wieder lautstark die Meinung geäußert wird, eine Seite solle endlich einseitig voll abrüsten, dann werde die andere Seite auch folgen und der Weltfrieden sei ein und für allemal hergestellt; gerade Österreich, als neutraler Staat, könnte doch mit gutem Beispiel vorangehen und das Bundesheer abschaffen oder einfach in eine Art Bereitschaftspolizei für nationale Notstandsfälle umfunktionieren.

Diese Auffassung ist doppelt naiv.

Erstens übersieht sie, daß von einem militärisch schutzlosen Gebiet, gleich einem Vakuum, eine Sogwirkung ausgeht, die, wie alle historische Erfahrung gezeigt hat, geradezu eine Einladung an andere Länder darstellt, innenpolitische Schwierigkeiten durch einen außenpolitischen Akt, durch eine sanktionslose Aggression gegenüber dem schutzlosen Gebiet, zu sublimieren, eigene ökonomische oder soziale Schwächen durch die Nutzung militärischer Überlegenheit zu kompensieren.

Zweitens aber ist die militärische Rüstung nicht Ursache politischer Spannung, sondern deren Folge! Wie Jonathan Schell in seinem Buch »Das Schicksal der Erde« ausführt, würde Abrüstung solange nichts nützen, als das Wissen um die Konstruktion von Waffen erhalten bleibt. Das Verbrennen aller schriftlichen Unterlagen über die Produktion von Waffen würde nichts nützen, solange unsere Technischen Universitäten erhalten bleiben. Und wenn wir auch diese zusperren, uns auf das Niveau der Steinzeit zurückbegeben, kann immer noch mit Steinen geworfen werden. Es ist also sinnlos, Abrüstung betreiben zu wollen, ohne deren Ursachen, die politi-

schen Spannungen, zu beseitigen oder zumindest zu reduzieren. Der alte Grundsatz »si vis pacem, para bellum« sollte also richtig gelesen werden »nisi vis bellum, para pacem«! Es muß bestmöglich für den Frieden vorgesorgt werden, dann braucht der Krieg nicht befürchtet zu werden.
Und diese Ebene ist es, auf der ein neutraler Staat wie Österreich viel zu leisten vermag. Wie schon einmal gesagt, kann gerade durch eine glaubhafte Landesverteidigung im neutralen Österreich der Friede in Europa, und damit auch die Abrüstung, gefördert werden! Durch das Bieten einer »sicheren Flanke« kommt von vornherein bei NATO und Warschauer Pakt das Gefühl der Bedrohung über diese Flanke nicht auf; diese können sich daher auf geringere Kräftegruppierungen beschränken.

Was ist aus all dem für unsere Landesverteidigung zu schließen?
Vergleichen wir uns nochmals mit der ebenfalls neutralen Schweiz, in ähnlicher, sogar etwas günstigerer geopolitischer Lage, so müssen wir einen erschreckenden Unterschied feststellen. Die Notwendigkeit einer umfassenden Landesverteidigung wird in der Schweiz anerkannt und die Verteidigungsbereitschaft der Bevölkerung ist unvergleichlich höher. In Österreich sind wir hingegen in einem teuflischen Regelkreis verfangen: Solange sich der Leerlauf im Bundesheer bei den 8-Monats-Dienern von Jahrgang zu Jahrgang fortsetzt, wird die Sinnhaftigkeit einer ULV nicht erkannt, geht die Tendenz daher eher in Richtung einer weiteren Reduzierung des Bundesheeres. Der Anstoß dazu, aus diesem Teufelskreis auszubrechen, kann wohl nur vom Bundesheer selbst kommen. Wenn entsprechende Anstrengungen unternommen werden, den jungen Österreicher die Zeit, die er beim Bundesheer verbringt, als sinnvoll empfinden zu lassen, wird auch die Bereitschaft der Bevölkerung, die Notwendigkeit einer ULV anzuerkennen, zunehmen.
So hat kürzlich ein maßgeblicher Fachmann, Brigadier Roland Vogel, ausdrücklich gesagt: »Was uns aber wie ein Klotz am Bein hängt, sind zum Teil Strukturen und Rahmenbedingungen, die militärischen Erfordernissen im allgemeinen und Ausbildungserfordernissen im besonderen komplett entgegenstehen. Trägt unsere Personalstruktur der Forderung Rechnung, daß die bestausgebildeten Unteroffiziere im Ausbildungsdienst zum Einsatz kommen? Ist die Zeitordnung Grundwehrdiener–Kader vernünftig? Wie werden wir mit den Systemerhaltern fertig? Sind unsere Verwaltungsabläufe in Ordnung? Wer wirklich dem Heer und der Ausbildung helfen

will, der packe mit beiden Händen diese Bereiche an und regle sie nach führungs- und ausbildungsmäßigen Bedürfnissen. Der Erfolg wird sich in Kürze einstellen.«

Manchmal werde ich gefragt, ob ich Pazifist sei. Meine Antwort: Ich bin sogar überzeugter Pazifist, habe ich doch noch selbst erlebt, welch unermeßliches Leid ein Krieg mit sich bringt. Außerdem stellen Aufwendungen für Rüstungszwecke wohl die sinnloseste Vergeudung knapper Ressourcen dar. Ich weiß aber, daß sich Abrüstung nicht direkt, sondern nur indirekt, über eine Verringerung politischer Spannungen, erzielen läßt.

Die Geschichte hat bewiesen, daß eine solche Reduzierung möglich ist. Ein Beispiel aus unserer unmittelbaren Nachbarschaft: Jahrhunderte hindurch hat Deutschland in Frankreich, hat Frankreich in Deutschland den »Erbfeind« gesehen. Adenauer und de Gaulle waren Symbol des Umdenkens; heute würde sich kein Franzose gegen Deutschland, kein Deutscher gegen Frankreich in den Krieg schicken lassen.

Eine Ursache dieser Erbfeindschaft war, daß man das andere Land nicht kannte und daher mit Leichtigkeit das Gefühl genährt werden konnte, im anderen Land hausten rachsüchtige Untermenschen. Es scheint uns heute kaum vorstellbar, daß auch in wohlhabenden Familien im Rheinland ein Besuch Frankreichs überhaupt nicht in Erwägung gezogen wurde, wie Albert Speer in seinen Erinnerungen schreibt. Heute durchschwärmt die Jugend jedes Landes in der Ferienzeit, teilweise auch durch Schüleraustausch, die Nachbarländer, fühlt sich mit diesen daher automatisch stärker verbunden.

Könnte dies nicht zum System erhoben werden?

In alten Zeiten haben Könige jeweils ihre Kinder ausgetauscht, um dadurch den Frieden zu sichern. Was wäre mit einem groß angelegten Stipendiaten-Austausch-Programm USA–UdSSR, aber auch zwischen vielen anderen Staaten? Befinden sich 10 000 aufgeweckte junge Russen in Hunderten Schulen der USA, gleichzeitig 10 000 Amerikaner in Rußland, so wird keines der beiden Länder über dem anderen eine Atombombe abwerfen, wird jedes der beiden Länder seine Raketen wesentlich überzeugter und rascher verschrotten, ja, keine weiteren Milliarden in neue Raketengenerationen investieren. Und wenn die Schweiz und Österreich dann eines Tages nicht mehr von Hunderten von Kampfflugzeugen und Tausenden von Panzern umstellt sein werden, dann werden diese beiden neutralen Staaten die Aufwendungen für ihre Landesverteidigung auf jenes Maß ausrichten können, das den verringerten Spannungen entsprechen wird. Für die Schweiz wird dies eine fühlbare Reduktion bedeuten; was Österreich betrifft, wäre zu hoffen, daß umgekehrt die Diskrepanz zwischen unserer Verantwortung und unserer Verantwortungslosigkeit dann ein wenig geringer geworden sein sollte.

20 Leben in Österreich – Leben für Österreich

Wie wir im Österreich von morgen leben werden, wird davon abhängen, wie sehr jeder einzelne von uns bereit ist, für Österreich zu leben.

Wie wollen wir morgen leben? Wie stellen wir uns das Österreich von morgen, die Welt von morgen, vor?
Fast alle Wünsche, die wir 1945 hatten, sind uns seither in Erfüllung gegangen: ständiger Friede, ein materieller Reichtum wie nie zuvor, soziale Sicherheit für breiteste Schichten der Bevölkerung, ein groß angelegter Ausbau unseres Schulsystems und Gesundheitssektors, eine kulturelle Blüte in Musik, Literatur und bildender Kunst mit unzähligen Festspielen, Ausstellungen, Vernissagen; die Heurigenlokale und Restaurants sind voll. Noch nie in unserer Geschichte ist es so vielen Österreichern so gut gegangen wie heute – und dennoch scheint es, als ob das Unbehagen, die Unsicherheit, die Politikverdrossenheit, die Zukunftsangst, die Ziellosigkeit noch nie größer war als heute. Noch nie war auch die Ich-Bezogenheit größer, die Bereitschaft geringer, gemeinsame Ziele höher zu bewerten als das unmittelbare Wohlergehen. Wie der baden-württembergische Ministerpräsident Lothar Späth es ausdrückte: Es ist eine Ent-Solidarisierung, die aus der Wir-Gesellschaft eine Ich-Gesellschaft zu machen droht.
Zu sagen: »Na, warten wir nur, wenn wieder schlechtere Zeiten kommen, werden wir wohl wieder so zusammenstehen wie in den schweren Jahren der unmittelbaren Nachkriegszeit«, wäre wohl der falsche Weg. Das hieße doch: Schauen wir, daß es uns schlechter geht, damit es uns wieder besser geht.
Wir sollten viel eher der Ursache nachgehen, wieso wir den Reichtum um so viel schlechter verkraften als in der Zeit des Wiederaufbaus Armut und Not, wieso offenbar für ein Volk als Ganzes dasselbe gilt wie für den Einzelmenschen, von dem man sagt, daß er mit zunehmendem Reichtum immer härter und ichbezogener wird.
Die Antwort scheint mir auf der Hand zu liegen; sie durchzieht als roter Faden dieses ganze Buch. Wir haben uns in diesen letzten Jahrzehnten alle Segnungen des überwuchernden Wohlfahrtsstaates gerne gefallen lassen, ohne uns dessen bewußt zu sein, daß diese Segnungen notwendig eine Erschlaffung und Entmündigung mit sich brachten – wenn »der Staat«

oder »die Gesellschaft« alles für uns tut, dann fordern wir auch alles; dann schieben wir alle Verantwortung von uns, legen die Hände in den Schoß und wollen uns verwöhnen lassen. Ich schulde niemandem etwas, meinem Nachbarn nicht, meiner Gemeinde nicht, der Gesellschaft nicht, dem Staat nicht; aber Nachbar, Gemeinde, Gesellschaft und Staat schulden mir alles.

Abgesehen von der moralischen Komponente: ein auf dieser Denkweise beruhendes System muß schon aus äußeren Gründen zusammenbrechen. Es muß uns endlich wieder klarwerden: Das Sozialprodukt, die Summe aller Güter und Leistungen, wird nicht von der Regierung erzeugt, sondern durch den Fleiß aller Österreicher erbracht, und es kann nicht mehr umverteilt werden, als zuvor geschaffen worden ist. Aber auch die Summe aller Zuwendung, aller Hilfe, aller Brüderlichkeit, aller Liebe, ist genauso groß wie all das, was jeder einzelne von uns, aufsummiert über alle Österreicher, eingebracht hat.

Mit anderen Worten: Nicht die Errungenschaften des Sozialstaates – Schulen und Spitäler für alle, ein ausgebautes Pensionssystem – gilt es abzuschaffen, sondern es gilt, unsere Einstellung zu Staat und Gesellschaft zu ändern: Wenn wir schon hohe und höchste Ansprüche an Staat und Gesellschaft stellen, dann muß jeder von uns das Seine dazu tun, daß diese Ansprüche auch erfüllt werden können. Wir können nur Rechte beanspruchen, wenn wir Pflichten wahrzunehmen bereit sind. Ein Leben in Österreich wird nur dann ein erfülltes Leben sein können, wenn wir alle uns zu einem Leben für Österreich bekennen – zu Leistung, Verantwortung, Ehrlichkeit. John F. Kennedy hatte diese Erkenntnis auf die einfache Formel gebracht: Frage nicht, was Amerika für dich tun kann, frage, was du für Amerika tun kannst.

Diese Umpolung unserer Einstellung erfordert keineswegs, daß wir alle ab morgen so leben wie Mutter Teresa. Sie erfordert nur, daß jeder von uns sein Tagewerk im Sinne dieser Einstellung verrichtet.

Lassen Sie mich nochmals auf das Beispiel des Badezimmers zurückkommen: Wenn jeder mit öffentlichem Gut gerade um ein bißchen achtloser umgeht als mit seinem eigenen Hab und Gut, summiert sich dies vieltausendfach. Wie wäre es, wenn wir den Spieß umdrehten und gerade ein bißchen mehr Gutes tun, als unbedingt erforderlich wäre?

Hiezu eine Testfrage: Wenn Sie im Supermarkt eingekauft haben – zu welcher Kategorie Mensch gehören Sie? Zur ersten Kategorie, die das Ein-

kaufswägelchen einfach stehen lassen (irgend jemand wird's schon wegräumen) oder zur zweiten Kategorie, die es zum Eingang zurückführen und womöglich noch den ganzen Stapel von Wägelchen ein bißchen nach vorne schieben, um dem nächsten Kunden die Entnahme eines Wägelchens zu erleichtern? Wenn niemand sein Wägelchen zurückbringt, so muß dies das (ohnehin stark beanspruchte) Personal zusätzlich tun, oder es muß eine weitere Kraft eingestellt werden, was die Waren verteuert.
Dieses kleine Beispiel steht stellvertretend für Tausende Vorkommnisse des eigenen Lebens – einem alten Menschen in die Straßenbahn helfen, dem kranken Nachbarn den Einkaufsweg abnehmen, einem Kollegen helfen, einen Fehler zu korrigieren, das »freundliche Handzeichen« des Autofahrers. Halten wir die Augen offen; auf Schritt und Tritt werden wir Gelegenheit finden, gerade ein bißchen mehr zu tun als notwendig. Auch das Gute summiert sich tausendfach. Es sollte uns zu denken geben, daß Österreich das Land ist, in dem ein Maria-Theresien-Orden vergeben wurde für eine Tat, die ein »Mann von Ehre auch hätte ungetan lassen können«.
Die Augen offenzuhalten, um ein bißchen mehr zu tun als unbedingt erforderlich, ist keineswegs eine utopische, unerfüllbare Wunschvorstellung. Sie wird in Österreich in zunehmendem Maße bereits praktiziert. War der Malteser-Hilfsdienst anfangs noch seltene Ausnahme, gibt es heute unzählige Selbsthilfegruppen, vereinbaren Mütter, die einander am Kinderspielplatz kennenlernen, reihum Kinderjausen. Es gibt einen Familien-Selbsthilfeverein »Kinderbegleitung«, der sich zum Ziel setzt, die Begleitung eines Kleinkindes bei (unbedingt notwendigem) Spitalsaufenthalt durch seine Bezugsperson zu finanzieren. (Vorsicht: Ertappen wir uns nicht schon wieder bei der Vorstellung, daß dafür »der Staat« aufkommen sollte?) Jugendliche sind in Bauorden tätig, die auch in Armenien den Erdbebenopfern Hilfe geleistet haben. Spielstraßen, verkehrsberuhigte Zonen, Straßenfeste, Grätzlfeste sind schon entstanden; was wäre mit Hausfesten? Einem gemeinsamen Projekt einer Hinterhofbegrünung? Nicht auf die Obrigkeit warten; selber tun!
Vielleicht sollte die Frage, wie wir Österreicher morgen leben wollen, wie wir wollen, daß die Welt morgen aussieht, noch grundsätzlicher gestellt werden. Alle Lebewesen dieser Erde haben einen Kampf ums Dasein zu bestehen. Der Platzhirsch kämpft um seinen Lebensraum. Also ist es wohl naturgewollt, daß auch Völker um Lebensraum kämpfen müssen, ist der Krieg unvermeidlich – oder nicht?

Wenn sich der Mensch schon als besonderes Lebewesen dünkt, worin besteht seine Besonderheit?
Bruno Fritsch hat in seinem Buch »Wir werden überleben« gesagt: Durch die Entwicklung des Großhirns, die uns von allen anderen Lebewesen unterscheidet, wurde uns die »Chance zur Meta-Evolution« eingeräumt, wurde uns die Chance geboten, über unser eigenes Geschick nachzudenken, Weichen zu stellen. Die wichtigste Weichenstellung von allen, die allen anderen vorangeht, besteht darin, weltweite Katastrophen zu vermeiden, d. h. alles zu tun, daß uns die ökologische Katastrophe erspart bleibt, und alles zu tun, daß uns Kriege erspart bleiben.
Wir sind aber Lebewesen; der Kampf ums Dasein, die Aggression, steckt in uns allen drin, vom Raufen des Kindes angefangen. Dieser Trieb läßt sich nicht unterdrücken, wohl aber sublimieren. Schon die sportlichen Wettkämpfe, die olympischen Spiele, waren Sublimierung des Kampftriebes. So paradox es klingt: Wir werden den Frieden in dieser Welt um so eher erhalten und fördern können, je stärker wir in edlen Wettstreit miteinander treten – Musikwettbewerbe, Theatergruppen in Kleinstädten, internationale Turniere.
Immer wieder kommt es zu neuen Ideen, wie z. B. WISBI (wie sportlich bin ich). Ein WISBI-Riesentorlauf spielt sich folgendermaßen ab: Es wird ein (nicht allzu gefährlicher, etwa 30 Sekunden erfordernder) Riesentorlauf ausgesteckt; ein Schilehrer fährt als Vorläufer und markiert damit die Referenzzeit. Jeder nach ihm fahrende Amateur-Schiläufer fährt nun nicht gegen die anderen, sondern gegen die Referenzzeit. Der jeweiligen Altersgruppe entsprechend, vom Kind bis zum Senior, werden Ausgleichspunkte hinzugerechnet, so daß es durchaus geschehen kann, daß es bei einem bestimmten Rennen in der Altersgruppe der 30- bis 40jährigen keine Goldmedaille gibt, in der Altersgruppe der 50- bis 60jährigen, die allesamt langsamer gefahren sind als die Jüngeren, aber zwei Gold-, eine Silber- und fünf Bronzemedaillen.
Halten wir inne. Soll das unsere Vision vom Österreich von morgen sein – Theaterspielen und WISBI-Rennen?
Karl Kraus schrieb einmal: »Sollte man, bangend in der Schlachtordnung des bürgerlichen Lebens, nicht die Gelegenheit ergreifen und in den Krieg desertieren?«
Hier erleben wir den Widerspruch zwischen der Natur und der Übernatur in uns; wir sind zu sehr gewohnt, vielleicht auch dazu erzogen, von den

»großen Zeiten« zu träumen – für Italien Cäsar, für Frankreich Napoleon. Große Zeiten haben aber immer nicht nur anderen Völkern, sondern auch dem eigenen Volk größtes Leid und Elend gebracht. Die Vision »Gott, Kaiser und Vaterland« ließ die Jugend vor Verdun verbluten, die Vision »ein Volk, ein Reich, ein Führer« kostete 50 Millionen Menschen das Leben.
Wagen wir doch den Schritt von der Natur zur Übernatur, vom Krieg zum Frieden, zu einer Vision des gemeinsamen Überlebens in spannungsgeladener Harmonie. Welche Vision für Österreich könnte schöner, könnte wichtiger, könnte richtiger sein als die Vision eines friedlichen, von Leben durchpulsten Österreich in einer friedlichen Welt?
Dieses Österreich von morgen kommt nicht von selbst; wir haben nur die *Chance* zur Meta-Evolution. An uns liegt es, diese Chance zu nützen; an uns liegt es, dieses Österreich zu schaffen.

Dieses Buch ist ein unbequemes Buch. Es ist eine Absage an die bequeme Ausrede, für jede Unzulänglichkeit in unserem Dasein nach einem Schuldigen außerhalb von uns zu suchen. Es zwingt uns zur Erkenntnis, daß wir es weitgehend selbst sind, die unser Leben gestalten, die das Leben in Österreich gestalten. Nur wenn wir, jeder von uns, für Österreich leben, werden wir in Österreich so leben können, wie wir es uns wünschen.
Wenn einem von uns eine Lebensstellung im Ausland geboten wird – wohlgemerkt, eine Lebensstellung, von der er wüßte, daß sie ihn zeitlebens beruflich dort bindet –: ein um wieviel höheres Einkommen müßte er bekommen, um auf ein Leben in Österreich zu verzichten? Und bei wie vielen Freunden, die diesen Weg gegangen sind, stellen wir mit Erschütterung ihre traumatische Bindung an die Heimat fest?
Nein, Österreich ist uns nicht gleichgültig. Österreich hat, an der Wende vom zweiten zum dritten Jahrtausend unserer Zeitrechnung, alle Voraussetzungen, alle Chancen, die sich ein Land nur wünschen kann.
Es genügt aber nicht, nur an Österreich zu glauben. Wir müssen auch danach handeln. Leben wir für Österreich, dann leben wir damit auch für uns selbst – und für die Generationen, denen wir ein Land überantworten, in dem zu leben lebenswert ist, in dem zu leben wir dankbar und glücklich sein dürfen.